박동규 신작 희망에세이 ②
삶의 길을 묻는 당신에게

박동규 신작 희망에세이 ②
삶의 길을 묻는 당신에게

1999
모아드림

머리말

가느다란 손가락으로 세상을
떠받치고 사는 사람들을 위하여

여리디여린 마음만 가진 친구가 있다. 어린 것이 어디 갔다가 힘센 아이에게 얻어맞고 돌아오면 어린 것을 안고 등만 다독거릴 뿐, 쫓아나가 때린 아이를 혼낼 줄도 모르며 살아온 친구가 있다. 누가 보면 '저렇게 해서 어떻게 세상을 살아가나' 하고 걱정을 한다. 그러나 그에게는 여리디여린 가슴을 지니고 살기에 한가롭게 불어오는 저녁무렵의 가녀린 바람에도 옷깃을 여미고 스쳐가는 세월의 뜻을 알아차리는 지혜가 있다. 어떤 삶이 사람다운 사람이 살아가야 할 삶인가를 아는 지혜이다. 아들도 마찬가지이다. 할아버지를 닮았는지 무서운 현실을 똑바로 보는 힘이 약하다. 친구라는 말만 들어도 친구가 되고, 믿어라고 하면 믿어야 할 것인지를 생각하기 이전에 믿고 보는 바보스러움이 있다. 애비된 눈으로 보면 딱하기만 하지만 밝음을 보고 어두움을 보지 못하는 아들 곁에 있으면 훈훈한 사람다운 향기가 나는 것을 어쩔 수 없다.

우리는 수없이 어떻게 사는 것이 사람다운 길인가를 스스로에게 묻는다.

그러나 그 해답은 언제나 생활의 일상성 속에 숨어버리고 만다. 여리디여린 마음은 아름답긴 해도 세상이라는 파도를 견디어 낼 힘이 없다. 인간에 대한 절대적 신뢰는 배신이라는 세속적 이기에 파묻혀 버리고 오히려 상처만 가득 가슴에 안게 된다.

그러면서도 파도에 떠밀리는 배처럼 살아도 언제나 훌륭한 삶에 대한 물음을 잊을 수 없는 것은 인간이기 때문이다.

나는 이 글에서 아버지, 어머니 그리고 나를 둘러싼 이들이 가르쳐준 삶의 방향에 대한 선한 길을 소개하고자 한다. 그리고 묵묵히 공장라인에 서서 가느다란 손끝으로 세상을 살아가는 참된 이들의 마음을 알아주고자 한다.

아무리 험한 산속을 헤매며 살아갈지라도, 어디로 빠져 나가면 살아남을 수 있는 인가(人家)가 있는지를 알아야 할 것이다.

옛날 배고픈 젊은 시절 나에게 자기가 다니는 구내식당 전표 한장을 손에 쥐어주며 점심 한 끼를 먹여주던 친구를 기억하는 것은 지금 나에게 인간다운 삶을 살게 하는 신호등이었다.

지금 우리는 매일 수많은 사람과 어깨를 부딪치며 살아가고 있다. 어찌 보면 가족조차 나와 조금 떨어진 자리에 있을 때가 있다. 이들과 살면서 선한 관계를 가지고 또 서로 도울 수 있는 방법을 찾고 마음을 서로 알아주며 살 수 있는 길에 대하여 목말라 하는 이들에게 조금이나마 길이 되고자 한 것이 이 글의 바탕이 되었다.

또한 어려운 환경속에서도 열심히 일하며 공부하는 젊은이들에게 꿈과 희망의 메시지가 되었으면 하는 작은 소망도 담겨있다.

모든 나의 삶은 내가 만들어간다. 그러기에 나은 삶의 세계를 목을 세워 보지 않으면 만들어갈 수가 없는 것이다. 조그마한 받침이 되었으면 한다.

1999년 5월, 분당의 조그마한 서재에서

박동규

 삶의 길을 묻는 당신에게

• 머리말

제1부 인간 세상의 즐거움

크리스마스 카드에 얽힌 사연	• 17
찻값 때문에 볼모가 되었던 소공동 시절	• 21
바르샤바 여인의 눈물	• 24
'우리집'의 향기를 가꾸는 지혜	• 27
허세 부린다고 누가 알아주나	• 32
새해 새아침 옷깃을 여미며	• 38
밥 한끼 대접 하려고 먼길을 찾아온 마음	• 43
충무로에 봄비가 내리면	• 49
어느 소녀에게 보낸 편지	• 53
눈 속에서 보낸 캐나다의 밤	• 57
아름다운 추억의 원효로	• 63

박동규 신작 희망에세이 ②

제2부 꿈과 희망이 있는 풍경

마음 약하게 사는 것도 꿈이 있다	• 69
선생님이 계셔야 제가 있지요	• 74
눈꽃이 얹힌 아름드리 전나무도 봄이면 다시 푸르다	• 77
'군고구마 아저씨' 가 준 은고리 하나	• 80
6 · 25의 퇴색한 사진 한장	• 85
귀신 이야기에 놀라던 어린날의 순수	• 87
언제 철이 들까	• 91
반딧불 같았던 밤바다의 고깃배	• 95
바닷가 마지막 집 여인	• 99
봄을 기다리는 것은 새로운 삶의 기대	• 102
봄날 아지랑이처럼 피어 오르는 희망	• 107
오월의 꽃밭에 피어나는 할머니	• 111
남편에게 구두를 도둑 맞은 여인	• 116
어느 아버지의 갈등	• 119
캐나다에서 본 곰의 눈빛	• 123
푸근한 인정의 미역밭이 있는 갯마을	• 126

제3부 참된 삶이란 무엇인가

'나'는 누구인가	•133
'참맛'의 비결	•136
젊음에 대한 욕구가 나이를 잊게 한다	•139
내 나이가 얼만데	•142
사회로 나아가는 젊은이에게	•147
버르장머리 없는 아이들	•152
오월의 꽃처럼 살아볼까	•156
훌륭하게 살아가기를 기원하는 마음	•160
화제의 선택과 인격	•163
기업인 아내의 역할	•166
잘 살아보려고 하는 일들	•168
자기의 품위는 자기가 높인다	•172
달걀 하나로 차린 생일상	•176
한강 유감	•179
가난은 흉터가 아니라 벗어야 할 과제	•183

제4부 황폐한 도시에도 향기가 난다

꽃샘 추위와도 같은 아름다운 거짓말	• 191
나를 버리고 산 삶의 가벼움	• 196
하찮은 것 하나에도 철학이 있다	• 200
옷 잘 입고 다녀라	• 203
순수의 거울로 사물을 보면서	• 207
'잘산다'는 말의 참다운 의미	• 210
매미조차 울지 못하게 하나	• 216
무엇이 우리를 황폐하게 만드는가	• 218
잘못된 소문이 생사람 죽인다	• 222
행복과 불행은 돈이 주는가	• 226
베풀지 않고 바라기만 하는 이기심	• 231
아버지를 영웅으로 받드는 가족의 사랑	• 235
이런 약국 없을까	• 239
서툰 감리로 지은 우리집	• 244

제5부 내 인생의 지표를 가르쳐준 스승

무엇이 우리를 인간으로 살게 하는가	• 253
시인 아버지의 방	• 257
가을에는 책을 몇권이나 읽습니까?	• 262
글에서 드러나는 자신의 얼굴	• 264
독서는 자연스럽게 시작해야	• 268
소리로 전달하는 정감의 맛	• 272
정감과 심상을 통한 삶의 이해를 위하여	• 275
말 속에 들어 있는 생각과 마음	• 279
아름다운 추억의 산실	• 283

제 **1** 부

인간 세상의 즐거움

사랑은 우연에서 생긴 것이 아니라
눈물을 닦아 낸 손으로 만든 것이리라.

크리스마스 카드에 얽힌 사연

이제 나는 12월이면 또 하나의 크리스마스카드를 사야 한다. 양복 단추를 달아 준 그 소녀를 위해서. 정녕 이들 소녀가 베푼 사랑은 우연에서 생긴 것이 아니라 눈물을 닦아 낸 손으로 만든 것이리라.

매섭게 추운 날 저녁이었다. 거리는 퇴근하는 차들로 꽉 메워져 있었다. 출출한 느낌이 들어 피자집에 들어섰다. 자리에 앉자 예쁜 앞치마를 두른 소녀가 주문을 받으려고 왔다. 출출하던 차라 급하게 주문을 하였는데도 소녀는 돌아갈 생각을 않고 나를 자세히 살펴보고 있었다. 그러고는 돌아갔다. 나는 소녀가 가고 난 다음 내 모습을 다시 훑어보았다.

이상한 점을 찾아낼 수 없었다. 자리에 앉아 오버코트를 벗고 잘 접어 옆자리에 놓았을 뿐이었다. 한참 있다가 소녀가 피자를 갖고 왔다. 또 나를 유심히 보면서 입을 쫑긋거리며 무슨 할 말이 있는 것같이 머뭇거리고 있었다.

그러더니 무슨 큰 결심이라도 한 듯이, '손님, 웃옷을 벗어 주시겠어요. 제가 마침 바늘과 실이 있는데요.' 하는 것이었다. 나는 깜짝 놀라 '왜 옷을 벗어 달라는 거지?' 하면서 소녀의 얼굴을 보았다. 내가 올려다보니 소녀의 눈길이 내 양복 윗단추에 가 있는 것이 아닌가. 살펴보니 내 윗도리의 단추 하나가 겨우 매달려서 언제 떨어질지 모를 지경이 되어 있는 것이었다. 그제야 조금 전부터 소녀가 내 주변을 머뭇거리며 떠나지 않았던 이유를 알 수 있었다.

'고마워' 하면서 웃옷을 벗어 주고 오버코트를 걸치고 앉아서 피자를 먹는 동안 소녀의 친절한 마음씨에 감동해서 혼자 괜히 웃음이 나왔다. 그냥 아르바이트로 앞치마를 두르고 나와 피자를 날라다 주고 구석에 가서 같은 친구들과 낄낄거리며 이야기나 하는 소녀들과는 너무도 달랐다. 나는 이 소녀가 단추를 단단히 달아서 가져다준 옷을 입고 나오면서 20년 전에 스위스에서 만난 한 소녀가 생각났다.

그때도 추운 겨울이었다. 눈발이 부슬부슬 내리는 제네브에서 기차를 타고 오후에 베른이라는 도시에 내렸다. 파리로 가는 기차를 갈아타기 위해서였다. 내가 베른 역에 내려 시간표를 보니 파리행 밤 특급을 타려면 여섯 시간 정도 기다려야 했다. 나는 베른이라는 도시가 처음이라서 역 광장을 중심으로 돌아다니기로 했다.

마치 우리 서울의 세운상가처럼 여러 건물이 서로 이어져 있고 그 안에 여러 상점들이 들어 있는 곳이 역 가까이 있었다. 손에는 비닐로 된 작은 가방을 들고 있었다. 항공사에서 무료로 준 가방이었다. 내가 이 상점 저 상점을 기웃거리다가 어느 모퉁이에 섰을 때였다. 갑자기 손에 든 가방의 지퍼가 터져 가방 안에 있던 물건들이 삐죽하게 얼굴을 내밀었다. 급한 마음에 둘러보니 문방구가 있어서 들어가 핀을 사서 임

시로 막아 보았다. 그러나 속에 든 물건들이 훤하게 보이는 것은 어쩔 수 없었다. 신던 양말이며 내복 같은 것들이 내 마음도 모르고 그냥 쏟아질 것만 같았다.

급한 마음에 찻집에나 가서 차분하게 정리하려고 모퉁이에 깃발을 달고 있는 예쁜 커피숍으로 갔다. 아기자기한 목가풍의 장식이 되어 있어 마치 어느 스위스 농가에 앉아 있는 기분이 드는 찻집이었다. 내가 자리에 앉자 한 소녀가 한 손에는 가죽으로 된 주문표와 볼펜을 들고 다가왔다. 내가 커피를 시키고 나서 옆자리에 둔 가방을 어떻게 해보려고 주물럭거리자 주문을 받던 소녀가 저 편에서 나를 찬찬히 보고 있었다.

이국 만리 스위스에 와서 가방이 터져 신던 양말이며 내복 등을 다른 이에게 보여준다는 것이 창피하기도 했고, 또 빨리 정리를 해야 어디든지 돌아다닐 수 있을 것 같아서 핀 몇 개로 막아 보려고 열심히 터진 가방을 만지작거렸다.

그런데 일이 쉽지가 않았다. 아무리 핀을 이런저런 방법으로 꽂아 보아도 워낙 내용물이 많아서 툭 불거져 나오는 것이다. 한참 가방과 씨름을 하고 있을 때 소녀는 커피를 가져왔고, 나는 눈으로 놓고 가라는 시늉을 하며 가방만 만지작거렸다.

그런데 돌아갔던 소녀가 조금 후에 나에게 다가와서 불쑥 비닐로 된 쇼핑백을 내미는 것이었다. 그리고 나를 보면서 생긋 웃는 것이었다. 얼마나 고마웠는지 모른다. 나는 그 소녀의 주소를 물었고 그 소녀가 시집을 가서 소식을 전할 수 없을 때까지 열심히 크리스마스카드를 보냈다.

크리스마스 카드에 얽힌 사연 19

이제 나는 12월이면 또 하나의 크리스마스카드를 사야 한다. 양복 단추를 달아 준 그 소녀를 위해서. 정녕 이들 소녀가 베푼 사랑은 우연에서 생긴 것이 아니라 눈물을 닦아 낸 손으로 만든 것이리라.

찻값 때문에 볼모가 되었던 소공동 시절

이제 찬바람이 부는 가을밤, 커피잔을 들면 가난했던 시절의 쓰라림보다는 따뜻했던 그녀의 마음이 커피의 짙은 향기로 변해 기약 없는 이별의 아련함이 퍼져 나가고 있는 것이다.

지하철에서 내려 문득 계단을 올려다보다 잠시 걸음을 멈추었다. 손바닥만하게 보이는 입구 저편의 하늘에는 선명하게 파란 하늘과 하얀 구름이 있었다. 찬바람이 옷깃을 휘어잡는 가을이 온 것이다.

조금 빨리 가로등이 켜지는 가을이 오면 대학 시절의 가을이 생각난다. 대학 3학년 때 나는 문학을 전공하는 친구들과 어울려 다니곤 했다. 오후 강의가 끝나면 동숭동에서 창경궁 담을 끼고 걸어서 소공동의 어느 다방에 모이곤 했다. 우리가 소공동에 있는 큰 다방에 자리잡게 된 것은 딱 한 가지 이유였다. 명동 쪽으로 가고 싶어했지만 한 친구가 답답한 곳이 싫다고 우겨서 소공동 다방으로 정한 것이다.

찬바람이 제법 불던 어느 날 저녁, 나는 생전 처음 한 여대생을 소개

받기로 했다. 오후 여섯 시에 만나기로 했는데 조바심이 나서 다섯 시가 조금 넘어서부터 다방에 앉아서 기다렸다. 워낙 돈이 없었던 때라서 집에서 나오면서 친하게 지내던 동네 구멍가게 아주머니에게 다섯 잔의 커피 값을 꿔서 나왔다. 집으로 돌아갈 버스 값을 제하고 나면 네 잔의 커피 값이 있었다.

다섯 시가 되자 친구가 왔다. 그리고 15분쯤 후에 여대생 일곱 명이 들어서는 것이었다. 넉 잔의 커피 값밖에 없었지만 할 수 없이 커피를 주문하였다. 나와 만나기로 한 여대생의 친구들이었다. 한참 있다가 여대생 모두가 일어서서 나가는 것이었다.

나는 황당했다. 친구에게 소개시켜 주고자 한 여대생이 누구냐고 물었다. 친구는 배시시 웃으며 '가운데 앉아 있던 흰 블라우스를 입은 애야.' 하면서 다시 웃는 것이었다. 그리고 친구는 곧 바람같이 일어나더니 '찻값은 네가 내.' 하고는 여대생들을 따라 나가 버렸다. 그제야 친구가 여대생들을 데리고 와서 나에게 골탕을 먹이고 간 것이라는 생각이 들었다. 그런데 찻값이 문제였다.

식은 커피를 입안에 넣었을 때는 한약과 같았다. 식은 커피를 조금씩 마시면서 틈틈이 주머니에 손을 넣어 돈을 만져 보았지만 찻값이 될 리가 없었다. 한 시간쯤 지났을 때 아까 다녀간 흰 블라우스를 입은 여대생이 들어왔다.

그녀는 내 앞에 앉더니 '찻값이 없어서 아직 앉아 있는 거죠?' 하고 내 얼굴을 쳐다보았다. 나는 부끄러워 아무 말도 못했다. 그러자 그녀는 얼른 일어나서 카운터에 가서 찻값을 치르더니, '다른 다방으로 가요.' 하고 앞장을 서는 것이었다. 명동에 있는 어느 다방에 들어가서 커피를 앞에 놓고 마주 앉자 그녀는, '친구가 나를 소개시켜 주기로 했다는 말을 그 다방에서 나와서 처음 들었어요. 그리고 친구가 찻값이 없어서 아직 잡혀 있을 거라고 해서 왔어요.' 하는 것이었다.

나는 아무렇지도 않은 척 가을 밤 공기처럼 차디찬 커피를 입술에 대고 있었지만, 마음은 허망하기만 했다. 어깨가 축 처져 집으로 가는 버스를 타기 위해서 덕수궁 앞에 서 있었다.

그때 같은 방향이라면서 따라와 곁에 서 있던 흰 블라우스를 입은 여대생에게 철없이, '커피 두 잔 값은 있는데요.' 하고 쳐다보자 그녀는, '다음에 우리끼리 만나서 다시 마셔요.' 하였다. 그런데 바보처럼 그녀의 이름도 소속도 부끄러워 물어 보지 못하고 버스가 오자 그냥 올라타고 말았다.

그것이 끝이었다. 이제 찬바람이 부는 가을밤, 커피 잔을 들면 가난했던 시절의 쓰라림보다는 따뜻했던 그녀의 마음이 커피의 짙은 향기로 변해 기약 없는 이별의 아련함이 퍼져 나가고 있는 것이다.

바르샤바 여인의 눈물

여행은 나와 다른 사람과의 만남이다.
그리고 무엇 때문에 인간다움을 지니고 살아야 하는가를
깨닫게 하는 순간이기도 하다.

벌써 오래 전이다. 동구권 시찰을 위해 전국 대학교수 30여 명이 함께 떠난 적이 있었다. 해외여행이라는 것이 가지고 있는 매력은 물론 새로운 풍물의 낯설음에 대한 흥미라고 할 수 있다. 이 낯설음이라는 말은, 여행이 주는 삶에 대한 신기한 눈뜸인 동시에 잊고 살아온 자신을 돌아보게 하는 계기가 되는 것이기도 하다.

마침 여름방학 때라서 교수들이 모여 가는 것이긴 했어도 어린아이들처럼 마음은 한껏 부풀어 있었다. 모스크바에서 며칠을 보내고 바르샤바에 프로펠러 비행기로 도착한 것은 한낮이었다. 말끔하게 새로 단장한 공항은 공산주의 색채를 완전히 지워 버리고 새롭게 자본주의 체제로 바꾸어 살아가려는 그들의 모습을 잘 말해 주고 있었다.

다음날 시작된 바르샤바 대학에서의 세미나는 저녁 무렵에야 끝이 났다. 나는 호텔로 돌아오자 곧 시내 관광에 나서기로 했다. 해가 저물어 가는 바르샤바 도심을 나 혼자 이리저리 기웃거렸다. 그러다가 어느 청년에게 가 볼 만한 곳이 어디냐고 묻자 빙긋이 웃으며 손가락으로 넓은 광장을 가리켰다.

기차 정거장이 있는 그곳으로 갔다. 넓은 광장은 기념 조형물들이 듬성듬성 서 있었고 숲 사이에는 전쟁 때 사용되었던 벙커들이 있었다. 그리고 벙커 밖에는 각종 섹스 용품을 판다는 광고가 붙어 있었다. 젊은 청년은 내가 이상한 호기심으로 그런 곳으로 가는 길을 물어 보는 줄 알았던 모양이었다.

나는 걷기에 힘도 들고 해서 주위를 둘러보았다. 큰 백화점 네온사인이 보였다. 무작정 백화점 안으로 들어섰다. 물건들은 다른 유럽의 백화점보다 나을 것이 별로 없었고, 마땅하게 살 것도 눈에 띄지 않았다. 그러다가 여성용 장식품을 파는 코너에 섰다. 유난히 눈이 새까만 예쁘게 생긴 젊은 여성이 서 있었다. 마침 길가에서 까만 목각 인형을 사서 손에 들고 있었기에 목각 인형을 보여주며 지나가는 말로 잘 산 것인가를 물었다. 목각 인형은 한 성도가 첼로를 켜고 있는 것이었다.

점원은 그것을 한참 보더니 활짝 웃으며 통나무를 깎아서 만든 것이라서 기념이 될 것이라고 했다. 이렇게 시작해서 나는 은장식 코너를 머뭇거리게 되었다. 나는 은으로 만든 팔찌를 집어들었다. 그러자 그녀가 눈을 크게 뜨며 나를 한참이나 바라보는 것이었다. 의아해서 가격표를 보았다. 폴란드 화폐 단위는 너무 높아서 도저히 가늠할 수 없었다. 그녀에게 달러로 환산해 달라고 해서 보니 우리 돈으로 15만원 정도였다.

　나는 결혼하고 난 후 아내에게 반지나 팔찌를 선물한 적이 없어서 그 팔찌를 손에 집었다. 그런데 그녀는 팔 생각을 하지 않고 이상한 얼굴로 서 있는 것이었다. 나는 그녀에게 이 팔찌를 사고 싶다고 이야기했다. 그러자 그녀는 울상이 되어 가만히 있는 것이었다. 그러다가 그녀는 눈물을 뚝뚝 흘리며 울먹이는 소리로, '꼭 이 팔찌를 사야 해요?'를 새삼 물어 왔다.

　내가 고개를 끄떡이자 체념한 듯이 포장지에 그 팔찌를 싸면서, '손님 제가 일주일 후면 결혼을 하는데 남편 될 사람이 이번 토요일 월급을 받아서 이 팔찌를 결혼 선물로 사주기로 했어요.' 하는 것이었다. 나는 놀라서 '이런 팔찌가 하나밖에 없어요?' 하고 물었다. 그러자 그녀는 '이 팔찌는 손으로 만든 거라서 하나밖에 없어요.' 하는 것이었다. 나는 한참 동안 망설이다가 사지 않겠다고 했다. 그러자 그녀는 나를 껴안고 고맙다는 인사를 수없이 했다.

　다음날 그녀는 남편이 될 사람과 호텔로 찾아왔다. 그리고 나는 가여운 연인과 함께 맥주를 마시며 월급을 타서 팔찌 하나를 사주려고 수 개월을 별러 온 연인에게 수도 없는 고마움의 인사를 들어야 했다. 15만원 짜리 팔찌 하나. 그러나 그들에게는 영원히 잊혀질 수 없는 사랑의 징표가 아니겠는가. 여행은 나와 다른 사람과의 만남이다. 그리고 무엇 때문에 인간다움을 지니고 살아야 하는가를 깨닫게 하는 순간이기도 하다.

'우리집'의 향기를 가꾸는 지혜

힘들게 세상을 살아가는 것은 목숨을 부지하고자 하는
생명 보존의 목적이 아니라, 가치 있는 생명을 창조하고자 하는
인간다운 욕망이라는 점을 생각해 보아야 할 것이다.

어느 집에 초대를 받아 가서 현관에 들어서면 그 집만의 독특한 냄새가 난다. 비릿한 생선 냄새가 풍기기도 하고 때로는 갈비구이 냄새가 나기도 한다. 어느 집에서는 향긋한 분 냄새가 나기도 한다. 이는 그 집안 가족들이 어떤 음식을 즐겨 먹느냐 하는 것에서부터 우유 먹는 어린 아기가 있구나 하는 것과 같이 가족 구성원이 어떻게 이루어져 있는지 까지를 알려준다.

이 독특한 냄새가 집안의 음식 특징이나 가족 구성원의 연령적 특성을 알려주는 증거가 된다면, 집사람들의 얼굴 표정이나 예절 등은 이들 가족이 지니고 있는 삶의 정신이나 가치관, 혹은 이들이 추구하는 삶의 개성적 방식을 찾게 하는 단서가 된다.

며칠 전 연구실에 앉아 있을 때였다. 한 학생이 찾아왔다. 내 강의를

듣는 학생인데 참고 도서를 어떤 것을 선택해 보아야 도움이 될지를 물었다. 나는 몇 가지 책 이름을 일러주었다. 학생은 고맙다고 인사를 하고서도 물러가지를 않고 머뭇거리더니 등뒤에서 셀로판지에 싼 장미 한 송이를 앞으로 내밀면서 얼굴이 빨개지는 것이었다. 나에게 도움을 청하러 오면서 빈손으로 올 수가 없어서 장미를 사오긴 하였지만 불쑥 내밀 용기가 나지 않아 머뭇거리다가 겨우 꺼내 놓은 것이었다.

나는 학생에게 '얼른 내놓지 뭘 꾸물거렸어.' 하자 그 학생은 작은 소리로, '변변찮은 것을 가져와서 그랬습니다.' 하는 것이었다. 나는 학생을 보내고 나서 꽃병에 장미를 꽂아 놓고 한참 동안 바라보았다. 몇 가지 참고 도서를 교수에게 묻기 위해 오면서 꽃이라도 한 송이 들고 오는 학생의 마음이 꽃처럼 내 마음을 흐뭇하게 하였다.

이런 예절이나 마음가짐은 아무렇게나 생겨나는 것은 아니다. 생활 습관이나 살아오는 동안 익혀진 인간 관계의 대응 방식이 몸에 배어 생겨나는 것이다. 내가 특별한 모임에 가서 그 격식에 맞추어 보려고 해도 어색하기만 하고 자칫 실수할까봐 조심스러워질 수밖에 없는 것도 그 문화에 익숙하지 않은 탓이라고 할 수 있다.

따라서 자신의 생활을 돌아보고 이미 익숙해져 있는 생활 방식과 더 높은 수준의 삶의 세계가 어떻게 다른가에 대해 살펴보는 지혜가 있어야 하는 것이다. 결혼을 한 뒤 '우리 부부는 이렇게 길들어져 와서 조금만 달라져도 불편하게 느껴진다'는 것들이 바로 좀더 나은 삶의 길을 가로막는 장애가 된다는 사실이다.

오래 된 일이다. 우리 가족은 식탁에 자리를 잡고 앉을 때 아무렇게나 자유스럽게 앉아 왔다. 어머니가 오셔도 특별하게, '어머니, 이 쪽

나는 학생을 보내고 나서 꽃병에 장미를 꽂아 놓고
한참 동안 바라보았다.
몇 가지 참고 도서를 교수에게 묻기 위해 오면서
꽃이라도 한 송이 들고 오는 학생의 마음이
꽃처럼 내 마음을 흐뭇하게 하였다.

으로 앉으세요.' 하고 권하지도 않았다. 격식에 매달리기보다는 자유롭게 앉는 것이 좋았기 때문이었다.

어느 날 저녁 어머니가 오셨다. 우리 가족이 식탁에 둘러앉아 있는데 중학교에 다니는 딸이, '할머니를 상석에 모셔야지.' 하는 것이었다. 그러자 어머니는 손녀를 보면서, '벌써 앉는 자리도 배웠니? 물론 어른을 상석에 모셔야 하지만 너네 집은 아버지가 털털해서 아무 데나 앉는 것을 자랑으로 생각하니 걱정하지 말아라.' 하셨다.

그날 밤 어머니가 돌아가시고 난 뒤 혼자 앉아 곰곰이 생각해 보니, 내가 털털해서 예법을 벗어나 자유롭게 식탁에 둘러앉게 한 것과 예법에 맞게 앉는 자리를 정해서 격식을 차리게 하는 것과의 사이에는 큰 거리가 있었다.

즉, 무엇이 더 나은 것인가에 대한 소박한 질문의 중심에 나은 삶을 판별하는 기준이 있는 것이었다. 아무 생각 없이 살아간다는 것은 판별의 기준이 없이 '남들이 이렇게 하니까' 하는 맹목적 추종이 삶을 지배하는 형태이다. 결국 이런 삶은 자신이 살고 싶어하는 개성적인 삶의 세계를 찾아가지 못하고 보이지 않는 다중의 겉모양만 닮아 가는 기형적 자아 포기의 생활이 되어 버린다.

우리 집 건너편에 조그마한 세탁소를 하는 삼십대 남자가 있다. 어쩌다가 길 건너에서 보면 허름한 작업복을 입고 열심히 끈이 달린 다리미를 들고 일하는 것을 볼 수 있다. 그런데 이 사람에 대해 동네에는 이상한 소문이 돌고 있었다. 소문의 내용은 이 사람이 밤이면 양복을 잘 차려 입고 근처 생맥주집에 가서 몇 시간이고 밤이 깊을 때까지 앉아 있다는 것이었다.

어느 아주머니는 생맥주집 여주인과 바람이 나서 그런다는 것이었다. 아내는 동네의 이런 소문 탓인지 다시는 세탁물을 그 집에 맡기지 않겠다고까지 말했다. 나는 얼마 후 제자를 만나기 위해 그 생맥주집에 갔었다. 정말 세탁소 남자가 야한 넥타이를 메고 한 구석에 술잔을 놓고 앉아 있었다. 나를 보자 그는 일어서서 인사를 했다.

자리에 앉아 시간을 보니까 너무 이르게 나왔다. 마침 심심하던 차에 그 남자를 불렀다. 나는 '밤이면 여기 와서 산다고 소문이 자자하던데 저 여주인 탓인가?' 하고 물었다. 그러자 세탁소 남자는 펄쩍 뛰면서, '교수님 아닙니다.' 하더니 갑자기 탁자 앞으로 고개를 떨구었다. '그런 게 아닙니다. 맨날 작업복만 입고 있으니 양복이 입고 싶어서요. 양복을 입고 보면 행동도 조심스러워지고 어른이 된 듯하거든요. 그리고 저는 양복 입고 출근하는 직장에 다녀보는 것이 꿈이었어요.' 하는 것이었다. 괜히 쓸데없는 말을 해서 그의 마음을 상해 놓은 것이 미안해서 제자를 만나고 나올 때는 그의 술값까지 내가 처러 주었다.

양복을 입으면 어른이 된 듯한 느낌을 가지는 이 소박한 삶의 지향이 바로, 머물러 있는 동물적 생활에서 더 높은 곳을 향하여 변화하는 생활을 창조하는 원동력이 되는 것이다.

힘들게 세상을 살아가는 것은 목숨을 부지하고자 하는 생명 보존의 목적이 아니라, 가치 있는 생명을 창조하고자 하는 인간다운 욕망이라는 점을 생각해 보아야 할 것이다.

허세 부린다고 누가 알아 주나

고향이라는 곳은 출세한 사람들이 돌아와 칭송을 듣는 그런 곳이 아니라 발가벗고 마음을 서로 나누며 살던 순수의 모태가 되는 곳이라서 언제나 마음에 살아 있는 사람다움의 터전인 것이다.

지난 추석을 앞둔 어느 날 오후, 선물을 사기 위해 백화점에 갔다. 경기가 좋지 않은 탓인지 조금은 썰렁해 보였다. 그래도 비싼 갈비나 포장된 선물을 파는 코너에는 여전히 손님들이 붐볐다. 나는 식품 코너를 둘러보다가 잠시 일층으로 와서 화장품 파는 곳을 기웃거렸다. 고향에 살고 있는 조카 생각이 났던 것이다. 예쁘게 포장된 향수 한 병을 샀다. 종이 봉지에 싼 향수를 받아 들고 다시 무엇을 살까 하고 기웃거리다가 구두 코너에 섰다. 유난히 코가 뭉툭하게 솟아오른 신사화를 보다가 문득 옛날 생각이 났다.

내가 고등학교에 다니던 어느 해 추석을 앞둔 날이었다. 나는 친구들과 어울려 동네 골목길에 모여 있었다. 우리는 추석에 얻어 입을 추석빔에 대해서 서로 자랑을 하고 있었다. 추석이면 아무리 가난한 집이라도 아이들에게 옷 한 벌은 사 입히기에 우리는 그날을 손꼽아 기다리 곤 했다. 그런데 그 해에는 우리 집 사정이 여의치 않았다. 추석이 다가 오고 있었지만 학교에 낼 돈조차 없어 어머니가 이리저리 변통하러 다 니고 있었다. 나는 이미 올해는 틀렸구나 하는 예감을 했다.

아이들이 '올 추석에 무엇을 사 달라'고 했다는 자랑을 귓가로 흘리 면서 아무래도 고향에도 내려가지 못하고 서울에서 그냥 보내지나 않 을까 하고 걱정을 했다. 결국 추석날이 되었지만 우리 가족은 고향 할 머니 댁으로 가지 못하고 서울에 머물게 되었다.

추석이 지나 다시 아이들이 동네 골목길에 모이기 시작했다. 모두들 새로 사 입은 옷을 입고 나왔다. 어떤 아이는 그때 처음 나온 청바지를 입고 있었고 어떤 아이는 보들보들한 털 재킷을 입고 나왔다. 나는 아 무것도 새 것이 없었다.

다음날 저녁이었다. 집에 아버지 제자가 찾아왔다. 그때 친구가 밖 에서 나를 부르는 소리가 들렸다. 나는 나가려고 현관에 서서 낡은 운 동화를 찾고 있는데 코가 뭉툭한 아버지 제자의 구두가 눈에 띄었다. '이 구두를 신고 가서 아이들에게 자랑을 해야지.' 하는 생각이 나서 얼른 신고 밖으로 나왔다.

나는 아이들에게 추석에 새로 산 구두라고 자랑을 했다. 내 발보다 구두가 커서 걸음을 옮길 때마다 뒤축이 땅에 끌리긴 했지만 아무도 모 르고 있었다. 한 아이가 신어 보자고 치근대며 조르기도 했다.

그러다가 밤이 깊어서 집으로 돌아왔다. 현관에 들어서자 아버지가 나와 있었다. 나는 너무 놀라서 현관 바닥에 구두가 보이지 않게 엉거 주춤 앉아 버렸다. 아버지는 '빨리 구두를 벗어 놓지 못하겠어.' 하셨다. 나는 황급히 구두를 벗어 놓고 내 방으로 도망가는데, 아버지 제자가 '괜찮습니다.' 하는 소리가 들렸다.

아버지 제자가 돌아가고 조금 시간이 지나 아버지가 내 방문을 열고 들어오셨다. 아버지는 나를 무릎 앞에 앉게 하시더니, '손님 구두를 함부로 신으면 되나. 괜히 친구들 앞에 그런 구두를 신고 자랑한다고 네가 돋보일 것 같은가. 요 다음 크리스마스에 구두 한 켤레 맞춰 줄게.' 하시면서 내 머리를 쓰다듬으셨다.

나는 부끄러워 고개도 들지 못하고 훌쩍거리며 눈물을 떨구었다. 아버지는 손바닥으로 내 눈물을 닦아주시면서 '얼마나 신고 싶었겠니, 그래도 쓸데없이 남에게 허세를 부리려고 하지 마라.' 하셨다.

백화점 구두 코너에 놓인 코가 뭉툭한 구두를 보는 순간 옛날 내가 허세를 부리다가 혼이 났던 기억이 떠올랐다. 그런데 나의 허세는 이것으로 끝난 것이 아니었다.

대학에 다닐 때 또 이런 일이 있었다. 서울 시내에 있는 대학생들과 문학회를 조직하였다. 자연히 여대생들도 모이게 되었다. 한 달에 한두 번 읽은 책에 대해 감상을 발표하기도 하고 토론회도 갖느라 대학 앞 다방에 모이기도 하고, 때로는 명동 근처의 음악 감상실에 모이기도 했다.

그런데 이상하게도 친구들이 모임에 나올 때면 근사한 양복에 넥타이까지 매고 나오는 친구 숫자가 늘어나는 것이었다. 평소에는 아무렇게나 남방 셔츠를 입고 학교에 나오던 친구들이 모임 때만은 근사하게 차려 입는 것이었다.

모임이 있던 어느 날 밤 친구와 우리 집으로 가는 길이었다. 친구도 변해 가는 다른 남학생들의 옷차림이 눈에 띄었는지, '그 친구, 꽤나 멋 부리고 나왔던데.' 하면서 나를 바라보았다. 그 역시 시골에서 올라와 하숙비 내기도 힘들어 쩔쩔매는 처지였기에 3년이 다 된 허름한 교복을 그때까지 입고 다니고 있었다.

우리 둘은 조금은 배가 아파서, '여자들 앞에 시시하게 옷이나 뽑아 입고 나올 생각이나 하고.' 하면서 빈정거렸다. 그렇지만 마음속으로는 '나도 그렇게 한번 입고 나가 봤으면.' 하는 욕망을 떨쳐 버릴 수가 없었다.

얼마 후 모임이 있기 전날 저녁이었다. 친구가 우리 집에 왔다. 그는 큰 보자기를 들고 왔다. 방에 앉자 친구는 웃으며, '우리도 멋 좀 부리고 가자.' 하면서 보자기를 풀었다. 거기엔 양복이 두 벌 들어 있었다. 그는 무슨 음모라도 꾸미듯이 목소리를 낮추더니, '우리 누님 집에 가서 매형 옷 두 벌을 빼 가지고 왔어. 내일 이 옷을 입고 가자.' 하는 것이었다.

다음날 저녁 우리는 신사복을 입고 모임에 갔다. 와이셔츠는 아버지 것이라서 비록 목둘레에 주먹 하나가 들어갈 만했지만 내가 봐도 멋있어 보였다. 모임에 나온 다른 친구들이 부럽게 우리를 보았다. 그런데 이번 모임은 토론이 아니라 끝마무리를 하는 자리여서 결산 보고가 있고 곧 회식이 시작되어 명동의 어느 생맥주집으로 자리를 옮겼다.

우리는 여자들과 어울려 맥주를 마시고 되지도 않는 소리를 하면서 시간을 보냈다. 얼마 지나지 않았을 때였다. 건너편 테이블에 앉아 있던 한 친구가 여자들 앞에서 소리를 내어 울기 시작하였다. 문학하는 친구들이라서 가끔 객기를 부리는 경우도 있었지만 큰소리로 우는 친구는 처음이었다. 우리가 다가가자 더 서러운 듯이 울었다. 할 수 없어서 우리 둘이 그에게 다가가자 그는 우리를 기다리고나 있었다는 듯이 가슴에 안기며, '야, 서러워, 서러워.' 하면서 얼굴을 가슴께로 묻는 것이었다.

나는 당황해서, '무엇 때문에 그래.' 하고 묻자 그는 울컥 하면서 무엇을 내 가슴에 쏟아 놓는 것이었다. 술을 잘 마시지도 못하는 주제에 여자 앞에서 마시는 척하다가 술에 취해서 토해 내는 것이었다. 얼른 그의 머리를 밀어내었지만 오물은 양복에 가득 묻고 말았다. 친구가 사색이 되어, '야, 옷 버렸어.' 하면서 나를 붙들고 있는 사이 그 친구는 다시 그에게 달려들어 또 토해 버렸다. 우리 둘은 얼른 맥주집에서 나왔지만 앞이 캄캄하기만 했다.

옷에서 냄새가 나는 바람에 버스도 타지 못하고 우리 둘은 명동에서 원효로 우리 집까지 걸어서 돌아왔다. 친구는 오물 투성이의 양복을 다시 보자기에 싸서 들고는 우리 집 대문을 나서며, '큰일났네.' 하면서 황망하게 가 버렸다.

나는 그 일을 곧 잊어 버렸다. 며칠 후 친구가 한밤중에 문을 두들겼다. 밖에 나가 보니까 얼굴이 종잇장같이 하얗게 되어, '세탁소 주인이 태워 먹어 버렸어.' 하는 것이었다. 세탁을 맡겼더니 세탁소에서 다림질을 하다가 태워 버렸다는 사연이었다. 우리 둘은 짜깁기 값을 마련해야 했고, 친구는 누님에게 용돈 한 푼도 얻어 쓰지 못하고 고생을 해야 했다. 덩달아 나 역시 친구의 누님과 눈을 마주치지도 못하게 되었던 것이다. 아버지가 말씀하신 허세를 버리지 못한 탓이었다.

이제 세월도 가서 나에게서 허세에 대한 욕망도 사그라들긴 했지만 아직도 어디 숨어 있다가 불쑥 솟아오를까봐 걱정이다.

지난 추석 고향에 내려갔을 때 고향 친구들과 만나 객지에서 잘 산다는 것을 보여주고 싶어하면서 쓸데없이 허세를 부리지나 않았는가. 고향이라는 곳은 출세한 사람들이 돌아와 칭송을 듣는 그런 곳이 아니라 발가벗고 마음을 서로 나누며 살던 순수의 모태가 되는 곳이라서 언제나 마음에 살아 있는 사람다움의 터전인 것이다.

결혼해서 누구는 행복할 수도 있고, 누구는 불행할 수 있어도 고향이라는 마을 울타리에 들어서면 행복과 불행은 지나가는 바람일 뿐이며 마을 느티나무처럼 인정 어린 사랑의 순수를 되찾게 되는 것이 아닌가.

남을 향해서 살아가는 생활이야말로 스스로를 피곤하게 하고 삶의 의미를 잃게 하는 것일 뿐이다. 웨딩드레스 한번 빌려 입는데 300만원이나 한다는데, 그것도 불티가 난다지만 그걸 입고 있다고 누가 잘났다고 높이 칭송을 하던가. 있는 그대로 내가 살아보고 싶은 삶을 만들어가는 보람이 더 멋지지 않겠는가.

새해 새아침 옷깃을 여미며

> 나는 지금도 철이 들지 못해서 우리 형제들을 제대로 살펴보지도,
> 우리 혈육들을 잘 간수하지도 못하고 살아가고 있지만
> '철이 든다'는 삶의 지표를 놓쳐 본 적은 없다.

캐나다 토론토에 살 때였다. 섣달 그믐날 밤 자정이 가까워지고 있을 때였다. 마땅히 갈 곳도, 친척도 없었던 우리 가족은 이국 땅 셋방에 앉아 텔레비전을 보고 있었다. 자정을 알리기 십 초 전쯤이었을까, 옆집에서 요란하게 카운트다운을 하는 소리가 들렸다.

우리 가족은 창문을 열고 옆집을 보았다. '화이브, 훠, 트리, 투, 원.' 하고 소리를 지르더니, '와!' 하고 함성을 터뜨리며 환호성을 지르는 것이었다. 그리고 얼마 있지 않아서 온 동네 골목이 시끌시끌하더니 자동차 경적을 울리며 함성이 들렸다.

우리 가족은 얼른 옷을 껴입고 동네 어귀로 나갔다. 수많은 사람들이 몰려나와 서로 껴안고 '해피 뉴 이어!' 하고 축복을 빌어 주었다.

엉겁결에 알지도 못하는 서양인들의 키스 세례를 받은 나는 당황하기도 했지만 새해를 맞이하는 그들의 밝은 축복이 싱그럽게 느껴졌다. 크리스마스 때만 해도 온 동네가 조용해서 아무도 없는 듯이 보였던 이 마을이 새해를 맞이할 때는 요란스러워지는 것에 놀라기도 했다.

그 일은 이국에서 맞은 첫 번째 새해여서 아직까지도 잊혀지지 않고 기억에 남아 있다. 이 새해를 맞는 기쁨을 이웃과 함께 나누고자 하는 그들의 관습은, 낯선 이국에서 새해를 맞는 우리 가족에게는 열린 그들의 삶을 보는 듯해서 충격적이었다.

우리 가족이 충격적이었다고 고백하는 것은 우리의 새해 맞이는 그들과 달리 기쁨보다는 기원의 정신이 강하게 담겨 있고, 더욱이 남보다는 혈육의 관계를 서로 확인하고 핏줄의 동질성이 어떤 의미가 있는가를 깨우치는 세계 속에서 살아왔기에 아무에게나 털어놓고 새해의 기쁨을 표현하는 의식이 낯설었던 것이다.

나는 집으로 돌아와 얼굴 색이 같은 우리끼리 새해를 맞을 때면 다른 나라에서 겪었던 그 낯설음과 우리의 새해맞이를 생각해 보면서, 우리의 새해맞이가 새삼 어떤 의미를 지니고 있는가를 살펴보게 되었던 것이다.

그 중에서도 특히 혈연으로 엮이어 살아가는 우리들의 삶의 의식이, 풍요로운 삶의 행복을 가져오는 자랑스러운 끈이 되는 것을 확인한 것이다. 즉 새해가 되면 언제나 온 가족이 덕담이라는 축복의 의식을 통해 간절한 기원의 표적을 내세우게 되고, 이 기원의 표적이야말로 한 해를 살아가는 등불로 삼게 되는 것이다. 자칫 삶의 목적성이나 지향의 미래를 잃고 방황하는 이에게 인간답게 살면서 얻어야 하는 행복의 세계를 마음에 품게 하는 즐거움이 된다는 것을 알게 되었던 것이다.

지금도 생생하게 기억나는 일이 있다. 내가 고등학교에 다닐 때였다. 섣달 그믐이 다 되어 가면 온 가족이 서울에서 경부선 열차를 타고 경주 못 미쳐 건천이라는 조그마한 고향 마을로 갔다. 기차는 곧잘 연착을 해서, 밤 여덟 시에 도착해야 하는데 두서너 시간씩이나 늦게 한밤중에 도착하는 경우가 허다했다. 그런데도 할머니는 추운 역사 안 썰렁한 나무 의자에 앉아서 우리를 기다리고 있었다. 할머니는 흰 명주 수건으로 곱게 머리를 싸매고 앉아 계셨다. 기차에서 내리자마자, '할머니!' 하고 달려가면 할머니는 의자에서 일어나서 아무 소리도 하지 않고 나와 우리 형제들을 가슴에 품어 안고 우셨다.

그리고 고향집으로 들어가면, 할아버지는 추운 섣달 그믐인데도 고향집 골목 모퉁이를 돌아오는 손자들의 떠들썩한 소리를 들으셨는지 방문을 열어 놓고 우리를 기다리셨다. '왔나!' 하고 큰소리로 대문을 들어서는 우리 형제를 맞으셨다.

우리 가족의 설날 맞이는 이렇게 시작했다. 섣달 그믐날 밤 부엌에서는 음식 장만이 한창일 때 우리 어린것들은 마당에 멍석을 깔고 앉아서 제사상에 올릴 놋그릇을 닦았다. 짚에 까만 재를 묻혀서 반짝반짝 윤이 나도록 놋수저와 그릇을 닦고 있으면 할아버지는 우리들의 머리를 쓰다듬으시며, '이놈, 증조 할아버지 것을 닦고 있구나. 이것은 삼촌 그릇이니 잘 닦아라.' 하셨다.

우리는 할아버지가 수많은 그릇에서 어떻게 하나 하나 그릇의 임자를 알고 있는가는 생각하지도 못하고 단순하게, 지금 내가 조상 어느 어른의 그릇을 닦고 있기 때문에 절대 더럽게 닦아서는 안 된다는 생각

할아버지는 곁에 있던 책상 서랍에서
가죽 장갑을 꺼내시더니,
'너에 대한 기대의 표시이다.' 하시면서 주셨다.
그리고 내 어깨를 끌어당겨 가슴에 품으셨다.

에만 골몰하였다.

　새해 아침 큰손자인 내가 앞서고 동생들이 뒤에 서서 하나 하나 세배를 올리고 덕담을 듣고 물러서 나와야 새해 의식은 끝이 났다. 그 해에도 나는 세배를 끝내고 안방에 들어와 할머니 앞에 앉아 있었다. 그 때 할아버지가 나를 찾는다는 전갈이 와서 사랑으로 나갔다. 할아버지는 내가 들어서자 무릎 가까이 당겨 앉게 하셨다. 그리고 겨우 들릴까 말까 한 작은 목소리로 이렇게 말씀하셨다.

　'너도 이제 고등학교 졸업반이 되지. 나는 너만 할 때 장가를 갔지.' 나는 이 말을 듣는 순간 나도 모르게 웃음이 나왔다. 장가라는 말에 괜히 입이 벌어졌던 것이다. 그러자 할아버지는 엷게 웃으시면서, '이놈아, 너는 이 집의 장손이다. 대학 갈 준비를 착실히 해야지. 동생들 봐라. 전부 널 쳐다보고 있지 않니. 이제 철이 들어 이 집의 기둥으로 커 가야지.' 하셨다.

그제야 나는 정신이 들었다. 할아버지는 곁에 있던 책상 서랍에서 가죽 장갑을 꺼내시더니, '너에 대한 기대의 표시이다.' 하시면서 주셨다. 그리고 내 어깨를 끌어당겨 가슴에 품으셨다. 한참만에 풀려나 할아버지를 보았다. 할아버지 눈에는 눈물이 매달려 있었다.

그 새해 아침을 맞고 다시 우리 가족은 서울로 왔다. 할아버지는 그 해 돌아가셨다.

나는 지금도 철이 들지 못해서 우리 형제들을 제대로 살펴보지도, 우리 혈육들을 잘 간수하지도 못하고 살아가고 있지만 '철이 든다'는 삶의 지표를 놓쳐 본 적은 없다. 무엇이 철이 드는 것인지 나이가 들수록 더 어렵게만 보이는 닿을 수 없는 세계이지만 '철이 든다'는 목표를 세워 주신 할아버지의 뜻을 잊어 본 적은 없는 것이다.

서양식 새해 맞이와 우리들의 새해 맞이 사이에는 커다란 풍습의 차이가 있다. 그리고 이 차이는 점점 서양화로 기울고 있지만, 내가 아직도 할아버지의 눈에 맺혔던 눈물의 세계를 잊지 못하고 있는 것은, 설날이 주는 인간다운 삶의 기원이 얼마나 벅찬 내일로 가는 힘이 되는가를 알기 때문이다.

밥 한끼 대접하려고 먼길을 찾아온 마음

'겨울 눈 속에 숨어 있던 진달래꽃이 이제 활짝 피는 것은 저 별을 만나고
싶었기 때문이야. 꽁꽁 얼었던 땅이 녹으면 풀잎이 얼굴을 내미는 것은
보고 싶었던 마음이 있었기 때문이지.

저녁 마지막 비행기를 타고 제주도에 갔다. 착륙할 준비를 하라고 기내 방송이 울려서 창 밖을 내다보았다. 제주항 앞에는 오징어잡이 배가 불을 환하게 밝히며 열을 지어 있었고, 시가지의 불빛은 별을 뿌려 놓은 듯 반짝이고 있었다.

이 불빛을 보고 있노라니 봄밤에 겪었던 총각 시절의 옛일이 떠올랐다. 그 당시 나는 춘천에 있는 대학에 나가고 있었다. 대학이 시내에서 버스를 타고 한참 가야 하는 변두리에 있어서 자취방도 십여 가구가 모여 사는 농가에 얻었다. 겨울이 가고 삼월이 와서 개학을 하면 서울에서 어머니가 정성 들여 만들어 주신 밑반찬을 보자기에 싸 들고 자취방으로 갔다.

밤이 되어 이불 속에 누워 있으면 개구리 우는 소리가 유난히 요란

스럽게 들렸다. 처음에는 개골개골하는 소리가 작게 들리다가 밤이 깊어 갈수록 개구리 소리는 더 커져서 잠이 들 때쯤이면 개구리 소리는 우렁찬 함성으로 커지는 것이었다.

이 개구리 소리는 봄이 온다는 신호였다. 그리고 얼마 있지 않아서 교정에는 개나리가 피어나고 은사시나무 가지가 연초록빛으로 바뀌는 것이었다. 마지막으로 외양간에 엎드려 있던 송아지가 큰 울음으로 느닷없이 나를 놀라게 하면 봄은 이미 온 마을과 교정에 가득 찬 것이었다.

경춘가도에 늘어선 산봉우리에 진달래꽃이 한창이던 어느 날 저녁, 자취방에 누가 찾아와 방문을 두드렸다. 우물에서 냄비에 쌀을 씻어 담아 들고 방안에 들어와 전기 화로에 올려놓고 끓기를 기다리던 참이었다. 가끔 학생들이 열려진 대문으로 밥짓는 나의 모습을 보고 웃을까 봐 조심해서 우물가에서 일을 보고는 얼른 들어오곤 했다. 그런데 갑자기 누군가 방문을 두드려서 깜짝 놀라서 열어 보니 얌전하게 생긴 여학생이 서 있었다.

방안으로 들어오라는 소리도 하지 않은 채, '왜 찾아왔느냐.'고 퉁명스럽게 물었다. 방안에서는 전기 화로 위에 올려놓은 밥이 끓고 있어서 들어오라는 말을 할 수도 없었다. 그러자 이 여학생은 고개를 숙이고는, '밤에 찾아뵈러 와서 선생님이 싫어하실 줄 알았지만 사정이 딱해서 왔어요.' 하는 것이었다.

나는 할 수 없어서 방으로 들어오라고 했다. 방 한구석에는 아침에 차렸던 상이 그대로 너저분하게 신문지로 덮인 채 있었고, 아무렇게나 벗어 놓은 옷가지는 여기저기 널려져 있어 주섬주섬 한 쪽으로 밀어내어 겨우 자리를 마련하여 여학생을 앉게 하였다. 그리고 무엇을 재촉하듯이 찾아온 이유를 다시 물었다.

여학생은 작은 목소리로 찾아온 이유를 이야기했다. 그녀의 부모는 산골에서 감자나 겨우 심어 살아가고 있다고 했다. 그래서 그녀의 학비는 스스로 해결해야 한다고 했다. 그런데 등록 때가 되도록 돈을 다 모으지 못하여 1차 등록 연기를 하였는데, 마지막 등록 마감일이 눈앞에 다가왔는데도 어떻게 해볼 수가 없어서 상의하러 왔다는 것이었다.

나 역시 막막하였다. 그녀의 딱한 사정을 모른 체 할 수도 없었지만 당장 수중에 돈도 없어 어물거리며, '밥이 다 되었으니 같이 먹자.'고 엉뚱하게 저녁을 권했다. 그러자 그녀는 스스럼없이 냄비에서 밥을 퍼서 앞자리에 앉아 맛있게 저녁을 먹는 것이었다.

다음날 아침 나는 학교에 가서 서무과에 들어가 그녀의 등록 기일을 더 연장해 줄 것을 부탁했고 서무과장은 흔쾌히 내 말을 들어주었다. 나는 주말에 서울로 올라가서 어떻게 주선해 보리라 하고 물러나왔다. 주말이 되어 서울로 가려고 교문을 나서 버스 정류장 쪽으로 걸어가고 있는데 뒤에서 누가 나를 불렀다. 돌아보니 그녀였다. 대뜸 '어떻게 등록금은 마련했니?' 하고 물었다. 그러자 그녀는 빙긋이 웃으며, '장학금이 나온 걸 미처 몰랐지 뭐예요.' 하는 것이었다. 나는 짐을 하나 벗어 던진 기분으로, '잘 알아보고 찾아올 것이지.' 하였다.

다음해 봄 졸업식 날이었다. 연구실에 앉아 있으려니 그녀가 찾아와서 조그마한 꽃다발을 책상 위에 놓으며, '선생님 제가 저녁 한 끼를 잘 대접받고 갚지를 못했는데 이제 선생으로 발령을 받아 가게 되었으니 곧 갚을게요.' 하고 웃는 것이었다.

나는 그 해 졸업식이 끝나고 얼마 있지 않아 서울대학으로 자리를 옮겼고 그녀를 까마득히 잊어버렸다.

몇 해가 흐른 어느 봄날 오후 강의를 마치고 연구실로 돌아와 보니 그녀가 완연한 선생님의 모습이 되어 나를 기다리고 있었다. 나를 만나러 일부러 시골에서 올라왔다며 창경궁 밤 벚꽃 구경을 가자는 것이었다.

창경궁 안에 들어서 보니 사람들이 너무 많아서 어디 앉을 곳조차 마땅한 데가 없었다. 겨우 어느 벚나무 아래 앉았다. 하얀 꽃잎이 땅을 짚은 손바닥에 그대로 묻어 났다. 그제야 그녀는, '선생님. 사실 그날 저녁 저는 그 전날부터 먹을 것이 없어서 굶고 있었어요. 선생님이 저녁이라도 먹자고 했을 때 너무 고마웠어요. 제가 월급을 타면 꼭 저녁 대접을 크게 한번 해 드리겠다고 결심을 했는데, 워낙 먼 곳으로 발령이 나는 바람에 선생님 만나 뵙기가 힘들어서 이제야 왔어요.' 하는 것이었다.

나는 하늘을 보았다. 하늘에는 하얀 벚꽃이 마치 별처럼 반짝이고 있었다. 그리고 그 별은 손 아래에도 있었고 내 주위에 모래알 깔리듯이 내려와 있었다.

나는 그녀의 등을 두들겨 주며, '잊어버려야지. 그런 것까지 다 기억하면 어떻게 사니.' 하면서, 너무나 착해 빠진 그녀가 걱정이 되어 마음을 굳게 가지라는 충고로 어색함을 피했다. 그녀는 늦은 밤이 되어 돌아갔다.

그녀를 보내고 집으로 돌아오는 길에 하늘을 보았다.

봄밤에 별들은 손에 잡힐 듯이 내려와 있었다. 그리고 그 별들 틈에

하늘에는 하얀 벚꽃이 마치 별처럼 반짝이고 있었다.

그리고 그 별은 손 아래에도 있었고

내 주위에 모래알 깔리듯이 내려와 있었다.

나는 그녀의 등을 두들겨 주며, '잊어버려야지.

그런 것까지 다 기억하면 어떻게 사니.' 하면서,

너무나 착해 빠진 그녀가 걱정이 되어

마음을 굳게 가지라는 충고로 어색함을 피했다.

마흔 살이 넘도록 병마와 싸우다가 결혼도 못해 보고 돌아가신 삼촌의 얼굴이 있었다. 삼촌은 이런 봄밤에 어린 나와 함께 마루 끝에 앉아, '겨울 눈 속에 숨어 있던 진달래꽃이 이제 활짝 피는 것은 저 별을 만나고 싶었기 때문이야. 꽁꽁 얼었던 땅이 녹으면 풀잎이 얼굴을 내미는 것은 보고 싶었던 마음이 있었기 때문이지. 봄은 기대를 가진 이에게 새 생명으로 자라게 하는 힘이 있지.' 하셨다.

　제주 하늘에서 내려다본 봄밤의 불빛은 무엇을 기다리는 이들의 마음 같았다. 봄은 새 생명을 성장시키는 신비를 안고 있다. 그러나 이 봄에 손안에 심어 보고 싶은 한 알의 씨앗이라도 있어야 새 생명의 성장에 대한 기대를 가질 수 있는 것 아니겠는가.

충무로에 봄비가 내리면

지금도 어쩌다가 듣게 되는 '봄비를 맞으며' 라는 노래 가락 속에서
진정한 우정과 서로를 아껴 주는 사랑의 진실함을 지닌
친구들의 얼굴을 떠올리게 되는 것이다.

'봄'비를 맞으면서 충무로 걸어가면' 하는 노래가 라디오에서 들려 온다. 벌써 이런 노래들은 어쩌다가 늦은 밤 '가요 무대' 프로에서나 듣게 되는 수가 있었지만, 이렇게 봄비가 솔솔 내리는 저녁에 들어본 적은 없었다.

그런데 이 노래를 버스 안에서 듣다가 깜짝 놀랐다. 깊은 기억의 저편에서 마치 어린아이가 쌕쌕하고 숨쉬는 소리처럼 흘러간 날의 한 순간이 피어오르는 것이다.

대학을 졸업한 해 삼월. 천신만고 끝에 취직을 해서 고등학교 선생이 되어 첫 월급을 타는 날이었다. 서무실에 들러 누런 월급 봉투를 받아 속주머니에 넣고 학교 앞 다방으로 갔다. 다방에는 친구들이 이미 와 있었다. 대학은 함께 졸업하였지만 그때까지 취직을 하지 못하고 있

었던 친구들은 내 월급날을 용케 알고 찾아왔던 것이다.

　나는 친구들과 함께 학교가 있는 신설동에서부터 신설동 로터리를 돌아 동대문까지 걸었다. 그러나 거기까지 올 동안 누구도 입을 열지 않았다. 그냥 걸었다. 동대문을 돌아 종로 5가로 접어들었을 때 한 친구가 '대학으로 갈까?' 하면서 걸음을 멈추었다. 겨우 한 달 전에 졸업한 대학이었지만 아직도 우리들 마음은 대학에 가 있었다. 그런데 다른 친구가 '명동으로 가자.' 하고 방향을 틀었다. 우리는 다시 걷기 시작했다.

　저녁은 저물어 가고 있었다. 그리고 봄비가 촉촉하게 내리기 시작했다. 한 친구가 나지막한 소리로 '봄비를 맞으면서' 노래를 부르기 시작했다. 우리도 따라 불렀다. 이미 다 커 버린 우리들은 옛날처럼 고래고래 소리를 지르지는 않았지만 가슴 가득 무엇인가 잃어버린 것을 아쉬워하는 듯한 절망감에 젖어 불렀다. 명동 입구 중앙극장 골목길에 있는 맥주집으로 들어갔다. 친구들은 모두 머리가 뽀얗게 비에 젖어 있었다.

　나는 두둑한 속주머니를 만지면서 친구들에게 몇 잔의 술김을 빌어 '오늘은 마음놓고 마셔.' 하고 큰소리를 쳤다. 친구는 '저게 월급 탔다고 큰소리치네.' 하고 놀렸다. 그런데 이상하게도 친구들은 얼마 있지 않아 자리에서 일어나 집으로 가자는 것이었다. 나는 잔뜩 호기를 부린 처지라서 더 마시자고 친구들의 소매를 잡았으나 모두 뿔뿔이 떠나가는 것이었다. 친구와 헤어져서야 겨우 월급이 주머니에 들어 있는 것을 생각하게 되었고, 곧 명동을 가로질러 백화점에 가서 평소에 마음먹고 있었던 어머니의 속내의와 아버지의 모자를 사 들고 버스를 탔다.

　그 일이 있은 후 매월 친구들은 내 월급날이면 학교 앞 다방에 와서 앉아 있었고, 우리는 다시 걸어서 명동으로 나와 맥주를 마시곤 했다. 그런데 이상한 것은 친구들이 월급 탄 날만은 꼭 일찍 헤어져 뿔뿔이 돌아가는 것이었다.

그해 겨울눈이 펑펑 쏟아지던 어느 날 친구들과 명동 다방에서 만났다. 한 친구가 결혼을 하게 되어 우리는 친구를 위해 선물을 사려고 돈을 모으게 되었던 것이다. 내가 돈을 걷었다. 한참 후 밤이 깊어서 다방에서 나왔다. 그냥 헤어지기가 섭섭해서 내가 친구들을 끌고 한잔 사겠다며 맥주집으로 데리고 갔다.

내 주머니에는 친구의 결혼 선물을 살 돈이 넉넉하게 있어서 그랬던 것이다. 그런데 친구들은 몇 잔을 마시더니 월급날이면 만나서 마시는 것처럼 다시 일어서는 것이었다. 친구의 소매를 잡고 '한잔 더 하고 가자.' 했더니, '너, 결혼 선물 살 돈에서 지금 술값 내야 하잖아.' 하며 가는 것이었다. 집으로 돌아오는 버스에 타고 보니 친구들은 내 사정에 알맞게 조절해서 내가 고통받지 않도록 배려를 하였던 것이다.

지금도 어쩌다가 듣게 되는 '봄비를 맞으며'라는 노래 가락 속에서 진정한 우정과 서로를 아껴 주는 사랑의 진실함을 지닌 친구들의 얼굴을 떠올리게 되는 것이다.

설날이 지난 며칠 후 내가 주례를 해준 청년이 찾아와서 인사를 했다. 그에게 신혼 여행은 어디로 갔느냐고 물었다. 사이판에 다녀왔다고 했다. 그 청년은 맥주통을 배달하고 있었다. 그가 간 다음 우리 때만 해도 온양 온천이나 가곤 했었는데 세월이 많이 바뀐 것을 새삼 느끼면서 갑자기 나도 사이판에 가고 싶었다.

다음날 부랴부랴 설쳐서 아내와 함께 사이판에 갔다. 그런데 비행기

안에는 온통 젊은 사람들뿐이고 우리같이 나이든 이는 찾기가 쉽지 않았다.

사이판 해변가 절벽 위에 섰을 때였다. 젊은이들이 한참 사진을 찍고 있는 것을 보고 있는데 아내가 내 등을 툭 치면서 '여보, 당신하고 결혼해서 이런 좋은 경치도 보게 되는구려. 고마워요.' 하는 것이 아닌가.

이제는 세상이 달라져 젊은 부부들이 아기까지 껴안고 봄 소풍 가듯이 다니는 사이판에 머리가 하얗게 되어 데려 간 것도 고맙다며 기뻐하는 아내를 보면서, 나의 주머니 사정까지 생각해 주며 술을 마시던 친구들 생각이 났다. 꼭 촌사람처럼.

지금도 어쩌다가 듣게 되는 '봄비를 맞으며' 라는 노래 가락 속에서 진정한 우정과
서로를 아껴 주는 사랑의 진실함을 지닌
친구들의 얼굴을 떠올리게 되는 것이다.

어느 소녀에게 보낸 편지

> 남편이 가까이 서 있는데도 반말로 '야!' 하고 부르는 그녀를 보내며
> 세상이 달라져도 살아 있어야 할 것이 무엇인지도 모르면서
> 괜히 쓸데없이 변해 버린 내가 부끄럽기만 했다.

한밤에 전화가 왔다. 받아 보니 고등학교 동창이었다. 같은 서울 하늘 아래 살면서 소식은 전해 들었지만 만나지 못하였는데 그가 갑자기 전화를 한 것이다. 이런저런 안부를 묻던 그가 꺼낸 사연은 딸을 시집보내게 되었다는 말이었다. 결혼식을 언제 어디에서 하느냐고 성급하게 물었다. 그러자 그는 웃으며 '결혼식에 오라는 말만 하려는 게 아니라 자네한테 주례를 부탁하려고 전화를 건 것일세.' 하는 것이었다.

유명한 이도 많은데 내가 결혼 주례를 해서 되겠느냐고 하며 사양을 하자 친구는 화를 내면서 어린 시절처럼, '야, 너 그러지 마.' 하는 것이었다. 나는 웃으며 '그래 그래 해줄게.' 하고 달래고 말았다.

20년이나 넘게 서로 내왕의 전화가 없어서 처음에는 제법, '자네 어

떻게 지내는가.' 하고 묻던 그가 결국 어린 시절의 우리로 돌아가 '야, 너' 하고 소리를 질러 대는 것이 철없어 보이기는 해도, 아직도 우리는 어린 시절의 우정을 그대로 간직한 채 살아가고 있다는 것을 그대로 보여주는 것이었다. 우리는 머릿속에 남의 도시락 반찬을 얻어먹으려고 젓가락을 아무렇게나 쑤셔 넣던 그런 멋진 무례를 지금도 변함없이 드러내고 있었던 것이다.

깊은 밤 친구의 전화 한 통을 받고 마음 가득 행복에 겨워 잠을 못 이루며 뒤척거리며 창밖을 보았다. 창밖 공원에는 수은등이 환하게 켜져 있었다. 하얀 불빛에 물든 풀들은 마치 할머니가 보자기에서 풀어놓던 두부처럼 금방 무너져 내릴 것 같은 야들야들한 부드러움이 배어 있었다. 얼핏 풀밭을 보고 있노라니 풀잎에서 한 얼굴이 떠올랐다.

고등학교 시절 우리 동네에 나와 같은 학년이었던 여학생이었다. 그녀는 큰 키에 눈망울도 커서 눈에 띄는 훤칠한 여학생이었다. 우리 동네는 원효로 전차 종점 근처여서 아침에 학교에 가려고 나오면 길게 줄을 서서 전차를 기다리고 있는 사람들 틈에서 그녀를 발견하기란 어렵지 않았다.

그런데 어느 날 저녁이었다. 골목에서 아이들과 몰려 있는데 나보다 한 학년 위였던 동네 형이 내 손을 잡고 전봇대 뒤로 데리고 갔다. 형은 봉투를 내밀며 내일 아침 학교에 갈 때 그녀를 만나면 편지를 건네주라는 것이었다. 형은 힘깨나 쓰는 아이들이 다니는 학교의 운동선수였기에 나는 꼼짝을 못하고 편지를 안주머니에 받아 넣고 왔다.

다음날 아침 나는 일찍 전차 종점에 나와서 그녀를 기다렸다. 드디어 그녀가 나타나자 내가 다가가려고 하는데 우리 교회 목사님이 가까이 있어서 아무 말도 못하고 그냥 전차에 탔다. 나는 원효로에서 타면 광화문에 내려 학교로 가야 했는데, 그녀도 광화문에서 내리는 것을 알고 있기에 그곳에서 내려 그녀를 기다렸다. 한참동안 그녀를 찾아보니 그녀는 친구들 틈에 끼어 걸어가고 있었다. 결국 편지는 전하지 못했다.

그날 저녁 형이 찾아와서 편지를 전하지 못하였다고 금방 두들겨 팰 듯이 덤벼들었다. 그 후로도 며칠을 눈여겨보았지만 좋은 기회가 나지 않아 편지를 전하지 못하고, 나는 그 형을 피하느라고 정신이 없었다.

며칠 후 집으로 돌아오는 길에 전차에 타고 보니 그녀가 있었다. 나는 너무 반가와 그녀에게 다가가 불쑥 편지를 내밀었다. 며칠간 안주머니에 넣고 다니느라 겉봉이 때가 묻어 있었지만 편지를 전한다는 기쁨 밖에 생각이 나지 않았다. 그녀는 웃으면서 편지를 받으며, '편지는 왜.' 하는 것이었다. 나는 아무 말도 못하고 얼굴이 빨개져 전차에서 내리자마자 도망치듯 돌아왔다. 형에게 전했다고 하자 좋아서 빵집으로 데리고 갔다.

다음날 아침이었다. 나는 이제는 그녀를 잊어버리고 전차에 탔다. 광화문에서 내려 학교를 향하여 몇 발짝 옮겨 놓는데 뒤에서 그녀가 '동규야.' 하고 부르는 것이었다. 그녀는 급하게, '오늘 저녁 여섯 시에 동네 빵집에서 만나.' 하고는 돌아서 갔다.

그날밤 빵집에 갔다. 답장이라도 전하려 하는가 보다 생각하였다. 내가 들어서자 그녀는 이미 와 있었다. 내가 자리에 앉아 그녀를 보았을 때 가슴이 덜컥 내려앉았다. 그녀의 눈에서 찬 불꽃이 쏟아지고 있는 것이었다. 그녀는 대뜸 '누가 너보고 그런 심부름하라고 했어.' 하였다. 나는 어리둥절해서 '너 편지 받을 때는 웃었잖아.' 하고 받았다. 그러자 그녀는 눈을 밑으로 돌리며 '네가 주는 편지인 줄 알았지.' 하는 것이었다. 나는 그녀의 말을 못 알아듣고 바보처럼, '형이 매일 협박을 해서 할 수 없이 전했지.' 하고 변명을 했다. 우리는 그날 이후 친해졌다.

  20년이 지나 어느 고속도로 휴게실에서 어린 여자아이의 손목을 잡고 주차장으로 내려오는 그녀를 보고, '오랜만에 보네요. 딸인가 보지요.' 하며 어색하게 웃는 나에게 그녀는, '야, 너는 옛날이나 지금이나 사람 마음 못 알아보는 것은 변한 게 없구나.' 하는 것이었다. 남편이 가까이 서 있는데도 반말로 '야!' 하고 부르는 그녀를 보내며 세상이 달라져도 살아 있어야 할 것이 무엇인지도 모르면서 괜히 쓸데없이 변해 버린 내가 부끄럽기만 했다.

눈 속에서 보낸 캐나다의 밤

다음날 아침해가 떠오르자 창밖을 내다보았다. 흰 눈만이 가느다란 물결처럼 구릉을 이루며 끝없이 펼쳐져 있었다.
가끔 들판에 던져져 있는 나무들은 이정표처럼 보였다.

앨범을 펼쳐 놓고 지나간 날들을 뒤돌아보면 나에게도 멋진 날들이 있었다. 그 중에서 고생하며 자란 어린 날의 모습에는 까맣게 햇볕에 탄 부모님의 눈물로 얼룩진 흔적이 배어 있어서 선뜻 집어들기가 겁이 난다. 그러기에 나는 내 아이들과 보냈던 날들의 사진에 눈길이 머무는 경우가 대부분이다. 그 중에서도 우리 가족이 이국 땅 낯선 곳에서 살았던 사진을 보면 나도 모르는 사이에 입가에 웃음이 돌기 마련이다.

내가 캐나다 토론토대학에서 한국문학을 가르치기 위해서 떠난 것은 17년 전 여름방학이 끝나 가는 8월 중순이었다. 나와 중학교 1학년이었던 아들과 둘이서 먼저 토론토로 가기로 하였다. 토론토에 가서 자리를 잡은 후에 아내와 초등학교 4학년이었던 딸이 오기로 했다.

우리 부자는 토론토로 가는 길에 LA를 거쳐가는 코스여서 가는 길에 하와이에 내려 구경을 하고 가기로 했다. 아들과 나는 생전 처음 하와이에 내려 진주만과 시월드 등을 둘러보고 해변에서 알록달록한 알로아 셔츠도 같이 사 입고는 와이키키 해변에서 며칠을 보내고 토론토로 갔다. 살림이 잔뜩 든 이민 보따리 같은 큰 가방을 들고 토론토 공항에 내려보니 한밤중이었다. 아무도 마중 나온 이가 없는 우리 부자는 공항 가까운 곳에 있는 호텔에 들어갔다가 다음날 토론토대학으로 갔다. 몇 번이나 편지를 하였는데도 방학중이라서 사무실은 텅 비어 있었다. 겨우 강사로 나오고 있는 한국인을 만나 셋방 하나를 얻을 수 있었다.

그 후 몇 달이 걸려서 겨우 토론토 시에서 동쪽으로 한 시간쯤 차로 달려가야 하는 외곽에 있는 무주택자를 위해 지은 단층 연립주택을 세 얻어 안정된 생활을 할 수 있게 되었다. 토론토 시 동쪽 전차 종점에서도 차를 타고 한참 가야 하는 '스카보로'라고 하는 동네였다.

명색이 교수였지, 월급은 천 달러 정도여서 집세를 주고 나면 겨우 입에 풀칠할 정도였다. 나는 한국에서 가져 간 돈도 없었기에 한 푼이라도 쪼개서 써야 했다.

그런 속에서 아내와 딸이 온다는 소식이 왔다. 가족이 함께 살게 되면 자동차도 있어야 하는데 가진 돈은 얼마 되지 않았다. 그 때문에 쩔쩔매고 있는데 우연히 슈퍼마켓 문 앞에 8기통 짜리로 20년이 다 된 자동차를 싼값인 500 달러에 판다는 광고를 보고 찾아가서 덜컥 차를 샀다. 지붕이 낡아 비가 오면 빗물이 운전대로 떨어지고 기름을 물먹듯이 먹어 리터당 2킬로미터 정도 가는 그런 차였다. 하도 기름을 많이 먹으니까 팔리지 않고 있었던 것이다. 나는 이 차를 몰고 공항으로 가서 아내와 딸을 데려 올 수 있었다. 캐나다 여행은 이렇게 어려웠다.

이런 어려운 생활과는 달리 우리 가족은 좋은 친구들을 사귈 수 있었다. 그 중에서도 서울에서 알고 지냈던 서울대 공대를 나온 정씨 가족과 그의 동창인 백씨 가족, 서울사대를 나와 토론토대학에서 박사 과정을 밟고 있던 김씨 가족은 한 형제처럼 지내게 되었다. 이들은 모두 나보다 열 살 이상 나이가 아래였지만, 밤이면 우리 집 지하실에 모여 페치카에 불을 지펴 놓고 어른거리는 불빛 아래서 서울과 토론토의 이야기와 흘러간 노래들을 목청껏 불렀다.

겨울이 한창이던 어느 날 우리는 토론토 북쪽에 있는 호숫가 오두막집을 빌려 며칠간 놀고 오기로 했다. 물론 이들은 서울에서 온 우리 가족에게 캐나다 냄새가 물씬 풍기는 겨울 체험을 하게 해주고 싶다는 뜻에서 이런 계획을 하였다.

정씨가 중심이 되어 '오두막집 대여'라는 신문광고를 찾아내고, 집 주인과 연락해서 모든 절차를 마친 후 일월 어느 금요일 밤에 만나자는 연락이 왔다. 각자 직장이 있어서 직장일을 끝내고 저녁에 출발하기로 했다. 정씨와 백씨는 우리 동네에서 꽤 먼 남쪽에 있었고, 김씨는 우리 동네 근처에 살고 있어서 길이 서툰 나는 김씨 가족과 함께 떠나게 되었다.

떠나는 날 오후부터 눈보라가 치기 시작하였고, 날씨는 추워져 영하 25도나 내려가 있었다. 그런데도 우리는 날씨쯤이야 하는 기분으로 생전 처음 떠나게 되는 눈밭 속 오두막집 생활에 대한 즐거움으로 차에 올랐다.

고속도로를 두 시간이나 달려가서 다시 지방 도로로 한 시간 이상이
나 달려가야 하는 거리였지만 그런 것들은 생각도 하지 않았다.
고속도로에 들어서자 눈보라는 더 심해졌고 앞창 유리에 마치 뿌연
안개를 씌운 듯이 눈발이 날아와 2,30 미터 앞을 보기도 힘들었다. 노
면은 얼어붙어 빙판이었다. 그러나 김씨는 약속 시간에 늦을까봐 시속
100킬로미터 이상의 속력으로 앞서 나갔고 온 가족을 태운 나도 김씨
의 차를 놓치면 길을 잃게 되겠기에 앞만 응시하며 따라 갔다.
지방 도로에 들어서니 자정이 넘어 있었다. 눈발은 약해져서 부슬부
슬 내렸지만 쌓인 눈을 불도저가 밀어 놓았는데, 길옆으로 밀려난 눈이
흰 담장을 친 듯이 양쪽에 늘어선 집들이 지붕만 보였다. 밤 두 시쯤에
오두막집에 도착하여 보니 정씨 가족만이 아직 오지 못하였다. 세 시쯤
정씨 가족이 도착했다. 그는 길이 너무 위험해서 돌아가려다가 돌아서
오느라고 늦었던 것이다.
통나무로 세워진 오두막집 페치카에 불을 지피고 온 가족이 환성을
질러대며 첫밤을 맞았다. 아이들이 잠자리에 들고나서도 우리는 그대
로 앉아서 이야기꽃을 피웠다. 김씨는 대학 생활의 어려움을, 정씨는
딸 넷의 장래를, 백씨는 이민 생활의 서러움을 털어놓았다. 이들의 마
음에는 하나같이 '서울에 살았더라면' 하는 회한의 안타까움이 담겨
있었다.
다음날 아침해가 떠오르자 창밖을 내다보았다. 흰 눈만이 가느다란
물결처럼 구릉을 이루며 끝없이 펼쳐져 있었다. 가끔 들판에 던져져 있
는 나무들은 이정표처럼 보였다.
그 다음날 새벽이었다. 아직 동이 트지 않아 뿌연 창밖을 침대에 누

다음 날 새벽에도 곰은 다시 찾아 왔고,
우리 모두는 곰과 눈길이 마주치지 않으려고
하면서도 곰이 사라질 때까지
커튼 뒤에서 숨을 죽이며 곰을 보고 있었다.

운 채 내다보았다. 누가 창문을 흔드는 소리를 듣고 깨어났던 것이었다. 깜짝 놀라 벌떡 일어났다. 유리창 밖에 시커먼 커다란 물체가 있었다. 정신을 차려 보니 큰 곰 한 마리가 나를 바라보고 있었다. 금방 창을 밀고 들어올 것 같아 보였다. 숨을 죽이고 있으니까, 곰은 어슬렁거리며 창틀에서 내려서더니 느릿한 걸음으로 눈길을 되돌아가는 것이었다.

그제야 소리를 질러 아이들을 깨워, '저기 곰이 간다.' 하고 보여 주었다. 다음날 새벽에도 곰은 다시 찾아 왔고, 우리 모두는 곰과 눈길이 마주치지 않으려고 하면서도 곰이 사라질 때까지 커튼 뒤에서 숨을 죽이며 곰을 보고 있었다.
  이 오두막집 생활은 나에게 잊지 못할 순간이었다. 곰과 눈이 마주친 체험 때문만이 아니다. 허허로운 눈밭, 허벅지까지 빠지는 눈 속을 정신없이 걸었던 일 때문만도 아니다. 겁 없이 얼음판과 좁은 눈길을 낡은 바퀴가 달린 차로 달렸던 그 무지함이 소름끼치기 때문이 아니다.
  눈밖에 아무것도 없는 통나무 오두막에서 짧은 시간 동안 친해진 젊은이들이 '서울에 살았더라면' 하는 이민의 서러움을, 함께 눈물을 흘려 가며 들어줄 수 있었던 넉넉함이 나에게 있었기 때문이다. 그리고 나 역시 이국에서 털어놓을 수 없는 돈 없음의 서러움을 이들에게 하소연할 수 있었던 순간이었기 때문이다. 얼마나 멋진 순간이었나. 또 다른 누구와 마음을 연다는 것이.

아름다운 추억의 원효로

나는 이 어린 날 내가 놀았던 서울 한강가 모습을 지금도 그대로 간직하고 있다. 지난 봄 벚꽃이 한창이던 때 여의도 강둑에 서서 마포와 원효로 쪽을 보다가 발가벗은 내 어린 날의 모습이 떠올라 한참이나 서 있었다.

서울은 해방 이후부터 지금까지 날마다 변한다고 해도 과언이 아닐 만큼 참으로 하루가 다르게 변하고 있다.

우리 가족이 서울에 자리잡은 것은 해방 된 다음 얼마 되지 않았을 때였다. 우리 집은 원효로 전차 종점에 있었고, 원효로를 떠나기 싫어하시는 어머니는 성심여고 아래서 생활하시다 돌아가셨다.

나는 이 기나긴 서울에서의 생활에서 서울의 변화가 준 잃은 것의 아쉬움과 얻은 것의 기쁨을 가끔 생각하게 된다. 특히 요사이 교통이 혼잡하고 공기가 오염되어 서울을 떠나 전원에 가서 살고 싶다는 이들이 생기고, 또 재개발 사업으로 옛날 동네가 하루아침에 딴 동네로 바뀌는 현상을 대하다 보니 옛날과 지금의 서울에 대한 생각이 겹쳐져서

무엇이 서울의 참다운 모습으로 시민의 안락한 생활의 터전이 되는 것
일까 하는 끝없는 의문이 일기 때문이다.
　그 중의 하나로 내가 초등학교 다닐 때였다. 원효로 끝 한강가에서
마포로 돌아가면 황포돛배들이 가득 어깨를 대고 있었다. 황해서 잡은
조기를 싣고 온 배들이었다. 지금 여의도 건너편 한강 북로 길이 바로
마포 나루였다.
　나는 학교에서 돌아오면 가방을 방안에 던져 놓고 동네 아이들과 마
포 전차 종점이 있었던 나루로 갔다. 수없이 많은 돛단 조기 배들은 마
치 어깨동무를 하고 있는 어린아이들처럼 서로 기대고 있었고, 우리 아
이들은 배와 배를 연결해 놓은 널판때기를 따라 이 배에서 저 배로 할
일도 없으면서 쫓아다니곤 했다.
　그런데 이상한 것은 누구도 우리를 밀쳐 내거나 무엇 하러 다니느냐
고 윽박지르는 이들이 없었다는 점이다. 가끔은 뱃전에 떨어진 조기를
주워 제 자리에 올려놓아 주면 뱃사람들은, '이놈아, 저기 저것도 좀
들고 오너라.' 하면서 일을 시켰고 조금만 도와주면 몇 마리의 조기도
주곤 했다. 아이들은 몇 마리의 조기를 새끼줄로 묶어 손에 들고 어두
워 오는 원효로 우리 동네까지 걸어오곤 했다.
　또 여름이면 집 앞 강가에 나가 모래사장에서 놀곤 했다. 지금 서부
이촌동 아파트들이 가득 찬 그곳은 우리들의 놀이터였다. 변변한 수영
복도 없었던 우리 아이들은 강가 모래사장에 신발을 벗고 그 위에 옷을
얹어 놓고는 강으로 뛰어들어갔다. 무릎까지 차는 곳에서 물장구를 치
고 있으면 낚시 배가 손에 잡힐 듯이 보였고, 우리들은 큰소리로 '아저
씨 잡았어요?' 하고 물으면 아저씨는 손을 흔들어 주곤 했다.

나는 이 어린 날 내가 놀았던 서울 한강가 모습을 지금도 그대로 간직하고 있다. 지난봄 벚꽃이 한창이던 때 여의도 강둑에 서서 마포와 원효로 쪽을 보다가 발가벗은 내 어린 날의 모습이 떠올라 한참이나 서 있었다. 지금의 달라진 모습과 옛것 사이에서 무엇이 우리들에게 참다운 삶의 터전이라고 할 수 있는 것인가 하는 의문이 새삼 떠올랐다.

내가 고등학교에 다닐 때였다. 나는 원효로 종점에서 광화문까지 버스를 타거나 전차를 타고 학교에 갔다. 원효로는 외길이라서 언제나 버스와 전차가 형제처럼 같이 다녔다. 아침이면 가방을 들고 버스 종점에 가면 많은 이들이 줄을 서서 버스를 기다리고 있었다.

그런데 한쪽 구석에는 내 또래의 학생들이 서 있었다. 이들은 새로 나온 신형 버스가 올 때까지 기다리는 아이들이었다. 아무 버스나 타고 가도 될 것을 꼭 신형 버스가 와야 타는 그런 아이들이었다. 그리고 그중에는 아는 여자 안내원이 있는 버스를 타고자 기다리는 아이들도 있었다.

가끔은 여자 안내원이 얼굴을 안다고 버스표를 받지 않고 태워 주면 그날 저녁이면 온동네 아이들 사이에 소문이 퍼지곤 했다. 버스는 항상 복잡해서 들고 있는 가방 끈이 떨어져 나가기도 했고, 여학생과 몸이 붙어서 얼굴을 바로 들 수 없는 때도 많았지만 누구 하나 버스가 터진다고 소리를 지르거나 여자 안내원을 욕하는 이는 없었다. 광화문에 내리면 벌써 배가 고파질 때도 있었다.

제 *2*부

꿈과 희망이 있는 풍경

아무리 마음이 상해도
저 불이 우리를 따뜻하게 해주는
희망과 꿈이 있다고 느끼면 그렇게 보여지는 것이지.

마음 약하게 사는 것도 꿈이 있다

내 소박한 인간다움은 이 마음 약한 것 하나뿐이라서
세상 헤쳐 나가는 데 가족들에게 힘이 들게 하고 있지만, 삼촌의 눈물에
담겨진 의미를 알았기에 이 마음 약한 하나를 위해서 견디어 온 것만도
스스로 대견하기만 하다.

나이가 들어 동창들을 만나면 흔히, '우리도 이제 오십이 넘었지.' 하는 말을 농담처럼 한다. 나는 이런 말을 들을 때마다 오싹 소름이 돋는다. 가버린 세월을 아쉬워하며 내뱉는 한숨일 수도 있는 세월의 흐름에 대한 말이 나에게 긴장감을 가져온다.

실제로 인간의 삶은 어떤 사회적 존재로 살았는가 하는, 일하며 살아온 직업 분야에서의 성취와 인간으로서 어떤 삶을 살았는가 하는 인간다운 삶의 성취가 있다.

그런데 이 긴장감은 직업이 주는 사회적 성취에 대한 자각에서 오는 것이기보다는 오히려 어떻게 인간답게 살아왔는가 하는 물음에서 느끼게 되는 것이라 할 수 있다.

흔히들 인생을 돌아볼 때 얼마나 출세를 했고, 얼마나 돈을 벌어 풍족하게 살았는가 하는 점에 초점이 맞추어져 있어서, '세속적으로 가진 것이 얼마인가' 하는 것에 의해서 평가하는 경우가 있다. 그러나 이런 시각은 인간의 삶을 사회적 존재로서의 성취라는 한 면만 바라본 것일 뿐이다. 또 다른 한 면은 인간다운 삶의 개체적 성취라고 할 수 있다. 나 자신이 어떤 인간으로 세상을 살았는가 하는 점은 사회적 성취와 대비되는 또 다른 삶의 한 면을 이루는 것이다.

아무리 높은 지위나 명예로운 자리에 올라 있어도 가정이 화목하지 못하고, 그 인간됨이 성숙하게 인격적 완성체로 자리잡지 못하였다면 인생의 온전한 성공을 이루었다고 할 수 없는 것이다. 그런데 인생의 성공적 삶의 행로를 이야기할 때면 밖으로 드러나 있는 사회적 성취의 외양만 바라보기에 참다운 인생의 전체적 모습을 놓치는 일을 볼 수 있다.

나 역시 어느 날 뒤돌아보면, 교수로서 외길로 살아온 평탄한 행로와 평행으로 인간다운 삶의 창조와 성취라는 본질적인 존재로서의 나 자신을 대비해 볼 때 부끄러움을 감출 수 없는 것이다.

이는 사회적 존재만큼 나 자신의 인간적인 성장이 미흡했다는 후회를 하지 않을 수 없고, 가족들에게도 좋은 아버지로서 혹은 남편으로서 살아왔는가에 대한 아쉬움이 남아 있기 때문이다. 나도 한번은 '이런 인간으로 살아보고 싶었는데.' 하는 아쉬움이 아직도 마음에 자리잡고 있다는 사실을 말해 주는 것이기도 하다.

그 중에서도 가장 가슴 아픈 것은, 어린 날부터 남에게 용기를 불어넣고 희망을 가져다주는 사람이 되고자 했던 꿈이 엉뚱하게도 '순하게 살자'는 꿈으로 바뀌어, 악착스럽게 세상을 이겨내는 힘이 없어서 우리 가족에게 힘든 삶을 살게 하지 않았는가 하는 후회를 할 때가 많아졌다는 점이다.

내가 열세 살이 되는 생일날이었다. 겨울방학이라 고향 할머니 댁에 갔었다. 그곳에는 서른이 넘었어도 병이 있어서 장가도 가지 못한 삼촌이 할머니와 함께 살고 있었다. 이 삼촌이 내 생일이라고 사과 궤짝에서 송판을 뜯어내어 톱으로 잘라서 양쪽 발에 끈으로 묶어 탈 수 있게 스케이트를 만들어 주셨다.

송판을 칼로 다듬고 굵은 철사를 바닥에 고정시켜 놓은 원시적인 스케이트였지만 고향에 가면 마을 아이들이 연못에서 이 스케이트를 타는 것을 보며 여간 부러워하지 않았다. 삼촌은 그런 내 마음을 알고 손수 만들어 준 것이었다. 그날 밤 삼촌과 나는 달빛이 내리는 연못으로 갔다. 신발 밑에 송판 스케이트를 동여매고 연못 얼음 위로 나갔다.

삼촌은 '조심해라.' 하고 소리를 질렀지만 나는 처음 타 보는 스케이트라 연못 한가운데로 마구 달렸다. 처음이라 서툴러서 한 쪽은 매고 한쪽 발에만 묶어서 외발 타기를 했지만 날 듯이 기뻤다. 얼마 타지 않았을 때였다. 연못가로 나오려고 한 발에 힘을 주었는데 갑자기 두두둑 하면서 얼음이 꺼지는 것이 아닌가. 한쪽 발이 꺼진 얼음 속으로 빠지더니 아랫도리가 온통 얼음 밑으로 빨려 들어가고 말았다.

양팔이 얼음 사이에 걸려 겨우 연못 속으로 빠지지 않고 매달려 있었다. 삼촌이 뛰어와서 긴 나무 막대를 들고 가까이 다가와 내 손목을 잡아 끌어냈다. 삼촌과 나는 곧장 집으로 돌아왔다. 나는 흠뻑 젖은 바지를 벗고 이불을 덮었다.

나는 처음 타 보는 스케이트라 연못 한가운데로 마구 달렸다.

처음이라 서툴러서 한쪽은 매고 한쪽 발에만 묶어서 외발 타기를 했지만

날 듯이 기뻤다. 얼마 타지 않았을 때였다. 연못가로 나오려고

한발에 힘을 주었는데 갑자기 두두둑 하면서 얼음이 꺼지는 것이 아닌가.

한 쪽 발이 꺼진 얼음 속으로 빠지더니 아랫도리가

온통 얼음 밑으로 빨려 들어가고 말았다.

삼촌은 파랗게 질린 얼굴로 이불을 덮고 앉아 있는 나를 보더니 갑자기 울기 시작하였다. 삼촌은 눈물을 흘리며 '이놈아, 삼촌이 마음이 약해서 너를 놓칠 뻔했구나.' 하는 것이었다. 그후 나는 '마음이 약한 것'에 대해 버리지 못하는 연민으로 살아왔다.

그리고 점점 자랄수록 마음이 약한 것이 나쁜 것이 아니라는 생각을 가지게 되었고, 나도 어느덧 삼촌처럼 되었다. 내 소박한 인간다움은 이 마음 약한 것 하나뿐이라서 세상 헤쳐 나가는 데 가족들에게 힘이 들게 하고 있지만, 삼촌의 눈물에 담겨진 의미를 알았기에 이 마음 약한 하나를 위해서 견디어 온 것만도 스스로 대견하기만 하다.

인간다운 삶의 성취도 하나의 꿈이 되어 내 속에 자리잡고 있다는 것도 기쁨이라고 하지 않을 수 없다.

선생님이 계셔야 제가 있지요

'이 타이어 갈아 끼우는 데 신경질이 나지도 않니?' 하고 물었다.
그러자 소년은 내 배를 꾹꾹 찌르며, '선생님이 계셔야 제가 있지요.'
하는 것이었다. 어린 소년은 그가 왜 그 자리에 서 있는가를 알고 있었다.

봄 비가 촉촉히 내리는
날 버스 정류장에 서 있다가 한 청년이 나를 보고 인사를 했다. 지난해 여름 '해변시인학교'에 갔다가 온 적이 있다고 굳이 내 손을 잡고 커피 숍으로 끄는 것이었다. 그는 이번에 큰 회사에 들어가 신입사원 연수를 3주간 받고 나오는 참이었다. 청년의 늠름한 모습과 패기에 칭찬을 하며, '왜 그 회사에 들어갔나?' 하고 물었다.

그러자 그는 지나가는 말처럼 '돈 벌러 들어갔지요.' 하는 것이었다. 그와 헤어져 버스를 타고 오면서 창밖을 내다보고 있었지만, 귀에서는 청년이 돈 벌러 회사에 들어갔다고 하는 당연한 입사 소감이 뱅뱅 돌고만 있었다.

얼마 전 고등학교에 다니는 부모가 없는 소년 가장들이 모인 자리에

서 '커서 하고 싶은 것이 무엇이냐.'고 물었을 때 한 학생이 큰소리로 '돈을 벌어야지요.' 하고 말했다. 그러자 아이들이 '와' 하고 웃었다. 아이들은 '돈을 벌어야지요.'라고 대답한 친구의 말이 너무나 솔직해서 웃을 수도 있었겠지만 이보다는 돈을 뛰어넘는 무엇이 있는데 하는 생각이 솟았기 때문이라고 나는 생각했다.

버스에 앉아 이 고등학생의 대답이 떠오른 것은 돈 벌러 취직을 하였다는 청년의 말에 심한 아쉬움을 느꼈기 때문이다.

세상을 살아가는 동안 누구나 일을 해서 돈을 번다. 그러나 돈을 번다는 것은 더 훌륭한 삶을 살아가기 위한 방법일 뿐이지, 돈 그 자체가 목적일 수는 없다. 아무리 돈이 많아도 그 돈을 써서 살아가야 하는 것이다. 그러기에 돈은 생존, 즉 생명을 유지하는 수단이고, 생활이라 함은 자신의 삶에 대한 선택적 지향이 되는 것이다. 정직하게 살고 싶거나 깨끗하게 살고 싶어서 어떤 일을 택하여 취직을 했다고 한다면 돈을 뛰어넘는 삶의 가치를 세워 가기 위한 사회적 성취가 될 것이다.

실제로 돈은 무슨 일을 해도 번다. 그러나 자신은 깨끗하고 정직하게 살고 싶어서 아무 일이나 선택하지 않고, 굳이 이 일을 선택하였다는 생각이 깔려 있을 때 비로소 살아감의 논리가 세워지는 것이라 할 수 있다.

15년 전 캐나다의 토론토 대학에서 학생을 가르치고 있을 때였다. 돈이 없어서 20년이나 넘은 8기통 승용차를 샀다. 차가 너무 낡아 비가 오면 지붕에서 빗물이 줄줄 흘러내리는 그런 차였다. 바퀴도 낡아 어느 날 아침 학교에 가려고 나가 보면 한쪽 바퀴의 바람이 푹 빠져 있었다. 타이어집에 가보니 새 타이어는 너무 비싸서 차 한 대 값만 했다.

한 친구가 부서진 차에서 분해한 중고 타이어 파는 집을 소개해 줘서 산자락 후미진 곳에 있는 부속품 가게에 가서 바퀴 하나를 갈아 끼웠다. 우리 돈으로 15,000원 정도였다. 그런데 이 타이어도 중고라서 일주일쯤 있으니 다시 바람이 빠졌다. 다시 가서 바꿔 달라고 하니 두 말 없이 다시 갈아 끼워 주었다. 이러기를 여덟 번, 매번 바퀴를 갈아 끼우는 일을 하는 사람은 다름아닌 열 대여섯 살쯤 되는 소년이었다. 소년은 여덟 번을 갔지만 한번도 얼굴을 찡그리지 않았다. 찡그리기는 커녕 항상 웃으며 '좋은 타이어가 나와야 하는데.' 하며 걱정을 해주는 것이었다.

아홉 번째도 그는 웃으며 타이어를 갈아 끼워 주었다. 나는 얼굴도 익고 해서, '이 타이어 갈아 끼우는 데 신경질이 나지도 않니?' 하고 물었다. 그러자 소년은 내 배를 꾹꾹 찌르며, '선생님이 계셔야 제가 있지요.' 하는 것이었다. 어린 소년은 그가 왜 그 자리에 서 있는가를 알고 있었다.

우리는 돈을 번다는 것이 어떤 훌륭한 삶의 열망에서 자라는 것이라는 점도 모르고, 고달픈 삶에 대한 혐오감만 느끼며 살고 있는 것은 아닌지 생각해 보아야 할 것이다.

눈꽃이 얹힌 아름드리 전나무도 봄이면 다시 푸르다

저 한계령 바위를 싸고 앉은 전나무에도
눈꽃이 환하게 피어 흰 꽃밭을 이루고 있지만
세월은 가고 봄은 다시 돌아온다.

한 해의 끝이다. 누군들 아쉬움이 없겠는가. 마치 전쟁이라도 난듯 온세상이 어지럽다. 이제 겨우 고생 끝에 낙이 온다고 허리띠를 졸라매고 살아오면서 자식들에게는 배고픔의 시련을 겪지 않게 하기 위해서 열심히 일구어 왔지만, 하루아침에 한 치 앞도 볼 수 없는 빚쟁이 국가로 전락하고 만 허탈감은 누구를 탓할 힘조차 없게 하고 있다.

나도 뼈아픈 슬픔에 망연히 손을 놓고 앉아 있어야 했던 허탈의 시련도 있다. 어머니가 돌아가셨다. 칠순이 훨씬 넘은 어머니라 친구들은 '사람은 갈 때가 되면 가야 하는 거야.' 하고 일상적인 어투로 말하지만 어린아이처럼 어머니에게 매달려 살아온 나는, 길을 걸어가는 할머니만 만나도 주저앉고 싶어지는 절망의 낭떠러지를 굴러야 했다.

그러나 세월은 간다. 저 한계령 바위를 싸고 앉은 전나무에도 눈꽃이 환하게 피어 흰 꽃밭을 이루고 있지만 세월은 가고 봄은 다시 돌아온다. 이제 새해가 기다려진다. 섣달 그믐과 설날은 하루 차이일 뿐이다. 그러나 하루를 건너면 희망의 내일이 있다.

내가 초등학생 때였다. 섣달 그믐날 우리 집에서는 설날 음식 장만을 하지 못하였다. 설날에는 텅 빈 밥상을 놓고 가족이 마주앉았다. 머리를 숙이고 앉아 계시는 어머니를 보면서 우리 다섯 형제는 아무렇지도 않은 듯이 수저를 잡았다. 그러자 아버지가 큰소리로, '새해다.' 하시더니 '세배부터 하고 식사를 하자.' 하셨다. 우리는 밥상을 한쪽으로 밀고 부모님께 세배를 올렸다. 아버지는 '이놈들아, 올해는 더 잘해.' 하고 덕담을 주셨다. 아버지는 흐느끼는 엄마의 등을 두드리며, '얼음이 얼어야 풀리는 봄이 오지.' 하시면서.

다시 밥상에 둘러앉은 우리들은 새해의 밝아 오는 아침이 되었다. 어제 입던 그 옷을 그대로 입고 앉은 우리 형제였지만 새해는 또 다른 삶의 지평으로 펼쳐지고 있었다. 어두움은 가고 헤쳐 나가야 하는 길만 보였다. 낄낄거리며 부지런히 밥을 먹고 있는 우리들에게 아버지는 다시 큰소리로, '해피 뉴 이어.' 하고 소리를 지르셨다. 우리는 크게 웃었다.

지금도 새해만 되면 아버지의 우렁찬 '해피 뉴 이어'를 기억한다. 아버지는 시인이셨기에 우렁찬 목소리로 '해피 뉴 이어'를 외쳤지만, 나는 다시 전나무 눈꽃이 지고 푸른 나뭇잎이 제 색을 낼 때를 상상한다. 그리고 내일이 온다는 희망의 기다림으로 앞을 본다.

흔하디흔한 말이지만 고진감래(苦盡甘來)라 하지 않는가. 흐르는 개울이 돌에 부딪쳐서 졸졸 소리를 내지 않으면 어떻게 강으로 흘러가겠는가. 허탈의 비어 있음을 다시 새해의 찬란한 변신의 꿈으로 가득 채워야 하지 않겠는가. 따뜻한 인간의 삶으로.

낄낄거리며 부지런히
밥을 먹고 있는 우리들에게
아버지는 다시 큰소리로,
'해피 뉴 이어.' 하고 소리를 지르셨다.
우리는 크게 웃었다.

'군고구마 아저씨'가 준 은고리 하나

'그래. 저 불을 보아라. 속상한 사람이 보면 자신의 마음 같다고 할 거야. 그러나 아무리 마음이 상해도 저 불이 우리를 따뜻하게 해주는 희망과 꿈이 있다고 느끼면 그렇게 보여지는 것이지.'

어머니는 장가 안 간 동생과 함께 사셨다. 장남인 내가 기회가 있을 때마다 분당에 있는 우리 집에 와서 살기를 권했지만 어머니는 듣지 않으셨다. 물론 어머니는 그곳이 50년 가까이 살던 동네고, 고생고생 해서 아버지와 함께 지은 집인데다가 아버지가 돌아가신 지 20년이 다 되지만 아직도 아버지의 모습이 그대로 살아 있어서 떠나기가 싫은 탓임을 나는 잘 안다. 그리고 또 한 가지 빠뜨릴 수 없는 이유 하나는 어머니가 평생을 다니던 교회가 버스로 두 정류장만 걸어가면 있다는 점이다.

내가 장가를 들게 되고 이 집에서 나와 새 살림을 차린 후 이리 저리 이사를 다니다가 분당에 와서 살게 되었지만, 어머니가 살던 이 집 문앞에만 오면 나는 어린 시절의 내 모습이 떠오르곤 한다.

내가 초등학교 6학년 때 1·4 후퇴를 앞둔 추운 날이었다. 지금의 어머니 집 건너편 언덕을 내려가면 원효대교가 나오는 그 자리에 전차 종점이 있었다. 그 당시 우리 집은 전차 종점에서 내려 골목길로 들어서면 집이 두 채씩 나란히 붙어 있는 연립 주택이었다.

연말을 앞둔 어느 날 눈이 펄펄 내리고 있었다. 아버지는 남으로 피난을 가야 하는데 차편이 없어서 아침녘에 어디론지 뛰어나가시고 어머니는 보따리를 싸느라 정신이 없으셨다.

흰 눈이 하얗게 쌓인 길거리로 나와서 돌아다녔지만 이미 동네는 텅 비어 가고 있었다. 뿔뿔이 살길을 찾아 남으로 남으로 내려가 버리고 빈집이 수두룩하였다. 아무 데도 갈 곳이 없는 몇몇 집의 아이들만 남아 있었다. 몇 안 되는 아이들이 전차 종점 앞 골목길 귀퉁이에 모여 눈싸움을 하다가 지치면 빈집에 들어가 술래잡기를 하며 보냈다.

이것도 저것도 시들해지면, 아이들은 골목길 한 구석에 나무 조각을 주워다 모닥불을 피우고 빙 둘러앉아 불을 쪼이곤 했다. 아이들이 둥글게 쪼그리고 앉아 있을 때면 낡은 군복 점퍼를 입은 마흔 살쯤 되어 보이는 아저씨가 슬그머니 다가와 곁불을 쬐었다.

밤이 이슥해져 캄캄한 골목길에서 엄마들이, '아무개야' 하고 아이들을 부르는 소리가 들리고, 아이들이 모두 집으로 들어가도 아저씨는 내처 불 곁에 앉아 있었다.

며칠을 아이들 곁에 앉아 있었던 아저씨와 아이들은 금방 친해졌다. 어느 깊은 밤 한 아이가 아저씨에게 물었다. '아저씨는 집이 없어요?' 그러자 아저씨는 아이의 머리를 만지며, '전쟁통에 다 죽었어.' 하였다. 아이들은 입을 다물고 하나 둘 집으로 갔다.

그믐이 가까워진 어느 날 밤이었다. 아이들도 줄어서 나하고 다른 두 아이만 모였다. 우리는 다시 불을 지피고 둘러앉았다. 조금 있자 아저씨가 왔다. 아저씨는 우리가 나오기를 기다렸다는 듯이 불 가까이 앉더니 군복 주머니에서 군고구마를 꺼내어 하나씩 쥐어 주었다. 한 아이가 '군고구마 어디서 나셨어요?' 하고 물었다. 아저씨는 '용산역에서 보따리를 열차에 실어 주고 번 돈으로 샀지.' 하였다.

다음날 저녁에도 우리는 눈을 맞으며 입가에 검댕이 묻는 줄도 모르고 김을 불어 가며 아저씨가 가져온 군고구마를 먹었다. 그때 아저씨는 우리들 머리를 쓰다듬으며, '이제 아저씨도 남으로 간다. 기차에 매달려서 떠나기로 했다.' 하면서 주머니에서 은으로 된 조그마한 고리를 꺼냈다. 아저씨는 그 은고리를 우리에게 하나씩 주면서, '살살 문지르면 항상 하얗고 보얗게 빛나지. 햇빛에 비쳐 보면 반짝거리는 꽃이 핀다. 슬프고 고생스러울 때마다 꺼내어 보아라.' 하였다. 아이들은 섭섭했다. 그러나 어쩔 수 없는 이별임을 어린 우리들은 너무나 잘 알았기에 눈물만 글썽였다.

그 후 정초가 되어 우리 가족도 겨우 잔뜩 짐을 실은 트럭에 한 자리를 얻게 되었다. 헌병대 장교였던 앞집의 사위가 짐을 실은 트럭을 가져와서 겨우 얻어 탄 것이다. 추운 눈길을 털털거리며 달리는 트럭 꼭대기에 이불을 뒤집어쓰고 앉아 있어도 발은 꽁꽁 얼어붙었다. 삼일간 트럭에 앉아서 도착한 곳이 대전이었다. 한밤중에 그곳에서 잠시 내리게 되었다. 거리는 텅 비어 있었고 군인들만 보였다.

어머니는 삼일간 언 주먹밥만 먹은 우리 형제들을 위해서 길모퉁이에 벽돌로 아궁이를 만들고 냄비를 걸어 불을 지폈다. 나는 열심히 종이와 궤짝 부서진 나무 조각을 주워 왔다.

어머니 곁에 앉아 있을 때였다. 어머니는 내 윗주머니 끝에 달려 있는 은고리를 보고는, '이게 뭐니?' 하고 물었다. 나는 아저씨의 이야기를 하였다. 어머니는 '그래. 저 불을 보아라. 속상한 사람이 보면 자신의 마음 같다고 할 거야. 그러나 아무리 마음이 상해도 저 불이 우리를 따뜻하게 해주는 희망과 꿈이 있다고 느끼면 그렇게 보여지는 것이지.' 하셨다.

나는 길모퉁이에 벽돌로 만든 아궁이 위에서 냄비가 뚜껑을 흔들며 끓어오르는 소리를 들으며 까맣게 때가 묻은 은고리를 옷자락으로 닦아 냈다. 그리고 얼마 되지 않아 어른거리는 불꽃이 은고리 위에 있음을 확인하였다. 춥고 배고픈 피난길이라는 것도 잊게 되었고, 조금 있다가 서울 우리 동네 골목길에서 모닥불을 피워 놓고 앉아 있던 따뜻한 아이들의 생각으로 빠져들었다.

이제 어머니가 사시던 이 집 문 앞에 서면, 어머니와 함께 다니던 '종구'라는 작은 개가 잠겨진 대문 밖에 앉아 있다가 땅에 뒹굴면서 나를 반기고 있다. 왈칵 어머니가 계시지 않는다는 생각이 서러움으로 다가왔지만, 아직도 머리와 가슴속에 어머니가 있음을 확인함으로써 그 자리에 그대로 버티고 서 있을 수 있었다.

어려운 한 해가 가고 또 다시 어려운 한 해가 기다린다. 마치 한 구비를 돌아서자 또 다른 구비가 머리를 보이는 듯 하다. 그러나 어린것의 얼굴을 보면 우두커니 앉아 있을 수가 있겠는가. 때묻은 은고리를 옷깃으로 닦아서 새로운 반짝임을 찾아내야 하지 않겠는가.

가난했던 시절 풀빵이 먹고 싶어 풀빵 장수 옆에서 코를 흘리고 서서 입맛을 다시며 세상에서 제일 큰 빵장수가 되는 꿈을 꾸던 어리석음이 얼마나 행복했던 순간인가. 마음을 닦아 다른 내일로 가는 길을 만들어야 추운 겨울을 견딜 수 있을 것이다.

6·25의 퇴색한 사진 한장

> 파란 하늘에는 비행기를 향해 쏘아 올린 고사포 탄 연기가 목화송이처럼 피어 있었고, 팔리지 않는 자두 위에는 배고파 원효로 언덕에 쪼그리고 앉아 있던 여동생의 얼굴이 묻어 있었다.

나에게 잊혀지지 않는 정지된 화면이 있다면, 이는 어린 날 광화문 네거리 가로수 밑에서 자두를 팔던 내 모습이다.

1950년 6월 28일 우리 가족은 한강변 원효로 전차 종점에 살고 있었다. 27일 밤 온 하늘이 환하게 밝아지더니 한 순간 꽝하는 소리가 들렸다. 한강 다리가 끊어진 것이다. 우리 집 앞 도로에는 한강을 건너지 못한 사람들이 마치 데모하듯이 이리저리 밀려다니고 있었다.

다음날 아버지는 우리 가족을 방안에 모으시더니 '국군이 후퇴를 하지만 곧 서울로 돌아올 테니 아버지는 국군을 따라 내려갔다가 삼사일 후면 집으로 올 수 있을 것이다. 어머니 말씀 잘 듣고 기다려라.' 하시고 나가셨다. 아버지만 단신으로 남쪽으로 가 버린 것이었다.

인민군 치하에서 한 달 넘게 견뎠지만, 시간이 갈수록 어머니와 다섯 살 된 여동생, 그리고 젖먹이였던 동생과 나는 배가 고파 견딜 수가 없었다. 어느 날 어머니는 내 손을 잡으시고는, '어린 동생 때문에 어떻게 해 볼 재주가 없으니 네가 나가서 무엇인가 해 보아라.' 하시면서 손에 몇 푼의 돈을 쥐어 주었다. 나는 동네 아이들에게 물었다. 아이들은 세검정에 가서 자두를 받아다 팔면 장사가 될 거라고 했다.

나는 새벽에 일어나 원효로에서 타박타박 걸어서 세검정을 넘어가 자루에 자두를 받아 광화문까지 나와서 신문지를 깔고 자두를 한 무더기씩 받아와 팔았다.

파란 하늘에는 비행기를 향해 쏘아 올린 고사포 탄 연기가 목화송이처럼 피어 있었고, 팔리지 않는 자두 위에는 배고파 원효로 언덕에 쪼그리고 앉아 있던 여동생의 얼굴이 묻어 있었다.

내가 이 한 순간의 그림을 잊지 못하는 것은 고생하던 시절에 대한 추억이 아니라, 우리 혈연을 위해 무엇인가 도움 되는 일을 했던 첫 순간이기 때문이다.

나에게 잊혀지지 않는 정지된 화면이 있다면, 이는 어린 날 광화문 네거리 가로수 밑에서 자두를 팔던 내 모습이다.

귀신 이야기에 놀라던 어린날의 순수

어린 날 이 무서웠던 추억을 새삼 떠올리는 것은
이제 무서움조차 없어진 굳어 버린 마음을 생각하기 때문이다.

어린 날 여름방학이 되어 경부선 열차를 타고 고향에 가면 고향 동네는 한여름 논바닥에서 피어나는 후끈거림으로 논길만 걸어도 얼굴이 발갛게 되곤 했다. 그러다가 장마철이 오고 비가 주룩주룩 내리는 날이면 밖에 나가 놀 곳이 없어진 아이들은 우리 뒷집 헛간에 모여 이런저런 이야기로 지루한 빗소리를 이겨내고 있었다.

헛간에 둘러앉은 아이들에게 이야기 보따리를 풀어놓는 사람은, 나이가 서른이 넘었는데도 장가도 가지 못하고 소나 돌보며 살고 있는 허씨였다. 그는 뒷집에서 품삯을 받고 얹혀 살기에 언제나 혼자였다. 그런 탓이었는지 비오는 날 뒷집 헛간으로 아이들이 모여드는 것을 싫어하지 않았다.

허씨 총각은 보릿대 위에 둘러앉은 조막 만한 어린것들을 데리고 산에서 노루를 손으로 잡은 무용담에서부터 청둥오리를 새총으로 잡았던 희한한 이야기까지 밤이 깊어 가는 줄도 모르고 이야기를 풀어내어 우리를 그의 턱 밑에 앉아 있게 하였다.

그 중에서도 귀신 이야기는 우리의 온몸을 굳게 하였다. 그리고 집으로 돌아오려고 헛간을 나서면 누구도 첫발을 내놓지 못하고 머뭇거렸다. 그럴 때면 허씨 총각은 부스스 일어나서 우리를 각기 그 집 앞까지 데려다 주곤 했다.

그 날도 비가 내리고 있었다. 아침에 잠시 햇볕이 보이더니 다시 날씨가 어두워지고 저녁이 다 되어서는 빗줄기가 굵어졌다. 나는 오전에 할머니가 교회에 가시고 안 계셔서 집안에서 뒹굴다가 저녁 무렵이 되어 할머니가 돌아오시자마자 얼른 뒷집 헛간으로 갔다.

헛간에는 건너 집에 사는 나 또래의 여자아이까지 세 아이가 앉아 있었다. 한 아이가 주먹만한 사탕을 장터에서 몇 알 사 왔는지 한 쪽 볼이 동그랗게 튀어나와 있었다. 늦게 간 나는 차례에 끼지 못해서 사탕을 입에 넣을 수 없었다.

그때 허씨 총각이 들어왔다. 그러자 한 아이가 사탕을 내밀었다. 내가 달라고 해도 없다던 사탕을 허씨 총각에게 내미는 것이었다. 허씨 총각은 내 얼굴을 보더니 사탕을 나에게 건넸다. 나는 너무 좋아서 얼른 받았다. 내가 사탕을 입에 넣고 우물거리고 있을 때 허씨 총각의 귀신 이야기가 시작되었다.

어느 비오는 날 밤 어린 여자아이가 아버지의 심부름으로 신작로에 있는 담배 가게에 담배를 사러 갔다고 한다. 그런데 가게문이 닫혀 있어서 돌아서려고 하는데 양철 지붕에서 윙윙 소리가 나더니, 비가 내리는 신작로 한복판에 흰옷을 입고 머리를 푼 처녀가 걸어오더라는 것이다. 그러더니 여자아이의 손을 덥석 잡고 손에 예리한 식칼을 쥐어 주며, '의붓 엄마를 이 칼로 찔러라.' 하더라는 것이다. 어린 여자아이는 겁에 질려 그 처녀가 시키는대로 칼을 손에 잡고 집 앞에 왔는데 처녀 귀신이 따라와서 뒤에 서 있더라는 것이다.

여자아이는 낳아 준 엄마가 돌아가시고 다시 아버지가 재혼을 해서 새엄마와 사는데, 새엄마가 성격이 표독하고 인정이 없어서 여자아이에게 힘든 일만 시키고 매도 때리고 밥조차 굶길 때도 많았다는 것이다. 그런데도 여자아이는 심성이 착해서 새엄마의 말에 고분고분 순종하며 살았다는 것이다.

그런데 갑자기 비오는 밤에 귀신이 시키는 대로 칼을 들고 집 앞까지 왔는데 차마 집안으로 들어갈 수 없더라는 것이다. 여자아이는 귀신이 뒤에 서 있어서 무엇에 떠밀린 듯 집안으로 들어서게 되었는데 엉겁결에 칼을 헛간 쪽으로 던졌다는 것이다. 그런데 그쪽에서 으악 하는 비명 소리가 났다는 것이다. 여자아이는 방안으로 들어와 이불을 뒤집어쓰고 밤새 오들오들 떨다가 날이 훤히 밝아서 밖에 나가 보니 헛간에 피가 여러 군데 묻은 하얀 치마가 있었다는 것이다.

어린 우리들은 누구의 치마이며 새엄마는 어떻게 되었는지 여러 가지 궁금한 것을 물었지만 허씨 총각은 아무 말도 하지 않고 비 내리는 캄캄한 마당만 보고 있었다.

어린 날 이 무서웠던 추억을 새삼 떠올리는 것은 이제 무서움조차 없어진 굳어 버린 마음을 생각하기 때문이다. 조그마한 변화에도 깜짝 놀라던 그 순수의 자리는 사라지고, 거친 세상에 시달려 표정조차 없어져 버린 자신을 비오는 어느 저녁에 한번은 생각해 보아야 할 것이다. 순수하기만 했던 어린 자신의 옛날을.

허씨 총각은 보릿대 위에 둘러앉은 조막 만한 어린것들을 데리고 산에서 노루를 손으로 잡은 무용담에서부터 청둥오리를 새총으로 잡았던 희한한 이야기까지 밤이 깊어 가는 줄도 모르고 이야기를 풀어내어 우리를 그의 턱 밑에 앉아 있게 하였다.

언제 철이 들까

> 이렇게 엉뚱하게 물에 빠진 이가 지푸라기라도 붙잡듯이
> 술에 매달리게 되는 것은 다름이 아니라, 내일로 가고자 하는 의욕이
> 없어졌기 때문이라고 할 수 있다.

새해가 되면 누구나 자신의 생활을 둘러보고 잘못된 것은 반성하고, 새로운 삶을 살아가고자 결심을 한다. 새해라는 시간적 분절의 한 순간이 인간에게는 큰 삶의 단위로 여겨지기 때문이다.

새해면 흔히 하게 되는 이 결심은 그리 오래 가지 않는다. 처음 결심했을 때의 굳은 맹세는 헌 휴지처럼 어느 사이엔가 사라지고 옛날 버릇대로 그대로 살아가게 되는 것을 종종 볼 수 있다.

그리고 또 다른 새해가 오는 섣달 그믐이면 답답함과 안타까움으로 가슴을 치게 되는 일도 남의 일은 아닌 것이다.

내가 사는 동네에 조그마한 커피숍이 있다. 잡지사로 찾아오는 손님과 함께 차를 나누며 이야기하는 곳이라서 자주 들르는 곳이다. 그러

다가 보니 커피숍에 드나드는 이들의 얼굴이 조금은 눈에 익게 되었다. 이 커피숍은 저녁에는 술을 팔기도 하기 때문에 저녁에 들러 보면 술을 즐기는 손님들도 볼 수 있는 것이다.

몇 년 동안을 이 찻집에 다니다 보니 얼굴만 친숙해진 것이 아니라 자연스럽게 서로 인사도 나누는 사이가 되기도 했다. 그런데 내 눈에 이상하게 띈 것은 언제나 허름한 옷을 입고 혼자 한 쪽 구석 자리에 앉아 독한 소주를 놓고 앉아 있는 이였다. 그는 저녁 해질 무렵이면 어김없이 나타나서 밤이 깊어서야 비틀거리며 커피숍 문을 나서는 것이다.

나는 초라한 그의 모습을 보면서, '아마 커피숍 주인인 젊은 여성을 짝사랑이라도 하는 모양이지?' 하는 상상을 했다. 그렇지 않고서는 그렇게 정성스럽게 출근하듯이 나타나서 하루에 1, 2만원씩 쓰며 열심히 술을 마실 수는 없으리라 생각했던 것이다.

어느 눈오는 날 저녁이었다. 커피숍에 들어서니 눈이 날려서 그랬는지 사람들이 가득 차서 앉을 자리가 없었다. 그 때 혼자 앉아 있던 그가 번쩍 손을 들고, '여기 같이 앉으시지요.' 하는 것이었다. 마땅한 자리가 없었던 나는 그와 합석을 하고 친구가 오기를 기다렸다.

그는 여느 때와 마찬가지로 혼자 술잔에 스스로 술을 따라 마시고 있었다. 친구를 기다리느라 무료하기도 해서 그에게, '왜 매일 이렇게 저녁이면 술을 마십니까.' 하고 물었다. 그는 웃으며, '술을 마시고 있으면 온갖 시름이 다 사라지고 즐거운 꿈을 꿀 수 있기 때문이지요.' 하는 것이었다. 그리고 그는, '이 맛을 즐기기 위해 삽니다.' 하면서 커피 잔이나 앞에 놓고 앉은 나를 딱하다는 듯이 쳐다보았다.

그날 밤 집에 돌아와 책상에 앉아 보니 눈이 불그스름하게 충혈되어 있던 그가 눈앞에 보였다. 그리고 사는 재미가 술 마시는 것밖에 없다는 것이 얼마나 참혹한 삶의 세계인가를 생각해 보았다. 그는 현실을 살아가면서 겪어야 하는 일들이 주는 고통을, 이겨낼 생각보다는 고통을 잊게 해주는 것에만 매달려 지내다 보니 삶의 고통을 잊게 해주는 술을 구세주처럼 여기게 된 것이며 그러기에 술에만 매달리는 것이 아닌가 생각되었다.

어느 재수생이 대학 입시를 앞두고 점보는 집을 여러 곳 찾아다녔다는 이야기에서처럼, 점 보러 갈 시간이 있으면 책이라도 더 보았으면 실력이 늘 텐데 쓸데없이 점집만 찾아다니느라고 시간과 돈을 낭비하는 것과 닮은 것이었다.

이렇게 엉뚱하게 물에 빠진 이가 지푸라기라도 붙잡듯이 술에 매달리게 되는 것은 다름이 아니라, 내일로 가고자 하는 의욕이 없어졌기 때문이라고 할 수 있다. 아침 새벽 기도에 매일 다니다가도 하루만 쉬고 나면 다음날 새벽에 일어나려면 어제 쉬었던 그 안락이 몸에 들어붙어 집을 나서기가 쉽지 않게 되는 것과 같은 것이다.

새해가 와서 새로운 결심을 하고 얼마 가지 않아 눈 녹듯이 결심이 사라지고 마는 것은, 술 마시는 이처럼 엉뚱하게도 앞을 보지 않고 뒤와 옆만 보고, 고통을 헤쳐 나가려 하지 않고 덮어 보려고만 하는 안일의 쾌락이 몸에 붙었기 때문이라고 할 수 있을 것이다. 새벽 문을 밀고 집 밖으로 나올 때 느끼는 희망찬 신앙의 싱싱함을 향해 달려가는 한 해가 되도록 매일 성찰해 가야 할 것이다.

직장에 다니면서 일에 묻혀 한 해를 보내고 다시 일이 기다리는 한 해를 바라보면서, 철이 드는 기쁨을 통해 새해의 새로운 삶의 지평을 열어 가게 하는 힘이 어디서 나오는 것인가를 이제 생각해 보아야 하지 않겠는가. 그래서 아들의 머리에 손을 얹고, '이게 철이 들어서.' 하고 보람의 순간을 찾는 그런 날을 기대해야 할 것이다.

반딧불 같았던 밤바다의 고깃배

겉에서 보면 화려해 보이는 삶도 뒤에서 보면 상처 자국이 가득한 것이다.
항상 겉과 속을 다 볼 수 있어야
바른 삶의 의미를 해독할 수 있을 것이다.

안면도에서 '해변시인학교'를 하느라고 나는 올림픽 경기를 제대로 보지 못했다. 신문도 보지 않고, 뉴스도 듣지 않고, 텔레비전도 보지 않으면서 일주일 넘게 서해안 안면도 바닷바람만 맞으며 살았다. 열 대여섯 가구가 해안을 끼고, 마치 어깨동무하고 걸어가는 어린아이들처럼 모여 있는 포구를 아침저녁으로 내려다보기만 했다.

그리고 밤이면 발등을 쏘아대는 모기를 쫓아가며 멀리 바다를 건너는 배에서 나오는 불빛을 보았다. 배에서 나오는 불빛이 반딧불처럼 보였고, 이 불빛이 별들과 함께 묻혀 버릴 때쯤이면 큰 수건 한 장을 마루에 깔고 눈을 감곤 했다.

바빴던 첫날을 보내고 그 다음날부터 이런 생활은 반복되었다. 며칠이 지나자 나는, 밤이면 바다가 보이는 해변시인학교 식당 앞 잔디밭에 나와 앉아 있게 되었다. 이 잔디밭 벤치에는 많은 시인들과 시를 사랑하는 일반 참가자들이 모여 밤이 깊어 가는 줄도 모르고 이야기를 나누곤 했다.

나도 이들 틈에 끼어 때로는 높은 시의 세계를 놓고 칼날같이 부딪치며 서로의 의견을 내세우는 토론을 듣기도 했고, 때로는 서른 살이 갓 넘은 주부가 결혼을 해서 얻게 된 삶의 좌절과 슬픔의 감상적 고백도 들었다. 그러다가 이야기가 허공을 맴돌 때면 나는 잠시 무엇을 놓았다가 다시 손에 집어들 듯이 바다 저편의 반딧불을 찾곤 했다. 가물가물하다가 다시 눈앞에 작은 별같이 다가오는 배에서 나오는 불빛은 너무나 평화롭게만 보였다.

그런데 그 평화의 한가로움을 즐기던 어느 날 밤이었다. 아침에 바닷가로 조개 껍질을 주우러 산책을 나갔을 때의 일이 생각났다.

좁은 골목을 벗어나면 어선들이 쉬고 있는 선창에 다다르고 선창을 벗어나서 100미터쯤 떨어진 모래사장에는 어망을 말리고 있는데 이곳을 벗어나야 바닷물이 들어왔다가 나간 흔적이 있다. 나는 아직도 물기가 밴 해안가를 따라가며 물기가 마르지 않은 예쁜 조개껍질을 주워 주머니에 넣고 다시 포구 쪽으로 다가가고 있었다. 이른 새벽인데 한 할머니가 모자를 쓰고 뱃전에 앉아 있는 남자의 곁에서 무엇인가 부지런히 말을 건네고 있었다.

나는 바다에서 잡은 고기라도 사려고 하나 보다 하는 생각이 들어 나도 사볼까 하고 가까이 다가갔다. 내가 가까이 가자 뱃전에 앉아 있던 모자 쓴 남자는 벌떡 일어서더니 배의 기관실로 들어갔다. 그리고 이내 부르릉 하며 엔진의 시동을 걸더니, 얼마 되지 않아 배를 후진시키고 다시 빙 돌아서 바다로 향하는 것이었다.

잠시 동안에 벌어진 일이라서 나는 멍하니 바다로 가는 배의 뒷모습만 보고 서 있었다. 그러다가 눈을 돌려 뒤를 보았다. 할머니도 나처럼 바다를 보고 있었다.

나는 인사말로, '할머니 고기 사러 나오셨어요?' 하였다. 까맣게 그을어 이가 너무 하얗게 보이는 할머니는 웃으며 나를 보면서, '뱃사람 집에서 무슨 고기를 사요?' 하는 것이었다. 할아버지가 배를 몰고 바다로 나갔던 것이다.

내가 뱃전에 앉아 있었던 사람이 모자를 쓰고 있어서 할아버지인지를 몰랐던 것이다. 할머니는 곧 바다와 맞닿은 곳에 있는 가게로 들어갔고 나도 조금 쉬었다 가려고 가게문 앞에 놓아둔 평상에 앉았다. 조금 있다가 할머니도 까만 비닐 봉지를 들고 평상에 앉았다.

나는 할머니에게 '두 분만 사세요?' 하고 물었다. 할머니는 마치 기다리고나 있었다는 듯이 자신이 살아온 길을 털어놓았다.

자식을 낳지 못하고 둘이서 이 포구에 산 지가 40년이 된다고 했다. 이제 예순 살이 되었지만 바다에 나가야 입에 풀칠을 하며 살아갈 수 있어서 지금도 바다로 간다는 것이었다. 나는 내친 김에, '뱃전에서 할아버지에게 무어라고 한참 말씀을 나누시던데요?' 하고 물었다.

그러자 할머니는 바다에 나가 조심하며, 고기를 더 잡으려고 애쓰지 말고 바람이 분다고 하거든 빨리 오라고 일렀다고 했다.

이 할머니의 이 말을 듣는 순간 내 눈앞에 반딧불 같았던 배에서 나오는 불빛이 떠올랐다.

배에서 나오는 불빛은 반딧불만이 아니라 처절한 삶의 불빛이기도 했다. 겉에서 보면 화려해 보이는 삶도 뒤에서 보면 상처 자국이 가득한 것이다. 항상 겉과 속을 다 볼 수 있어야 바른 삶의 의미를 해독할 수 있을 것이다.

이 할머니의 말을 듣는 순간
내 눈앞에 반딧불 같았던
배에서 나오는 불빛이 떠올랐다.
배에서 나오는 불빛은 반딧불만이 아니라
처절한 삶의 불빛이기도 했다.

바닷가 마지막 집 여인

'이 손 좀 보아요. 불에 데인 곳이 수없이 많지만
이 피자를 구우며 살아왔기에 저 아내와 자식들을 데리고
행복하게 살고 있지 않소.'

가끔은 지금의 아내와
만나지 않았더라면 하는 허황된 상상을 해볼 때가 있다. 지금보다 조금
은 더 나은 삶을 살지 않았을까, 아니면 아내를 만나기 전에 사귀던 여
성과 결혼을 했더라면 그녀는 미적 감각이 뛰어나서 생활 터전을 지금
처럼 삭막하게 꾸며 놓고 살지는 않겠지 하는. 그러다가 상상이 커지면
옛날 어렸을 때 알고 있던 동네 친구였던 여성과 결혼을 했더라면 그녀
는 알뜰해서 살림 형편이 훨씬 좋아졌지 않았겠는가 하는 끝없는 갈래
로 번져나가기 시작한다.

그러나 이런 상상은 부질없는 것에 지나지 않는다. 인간에게 있어서
과거의 어느 순간으로 삶의 세계를 옮겨 놓고 싶어하는 데는 미래로 옮
겨 놓고 싶어하는 것과는 다른 뜻이 있다. 대체로 과거로 돌아가고 싶

어하는 것의 이유는 현재라는 시간이 안고 있는 의미와 연관되어 있다.

아내와의 생활에 염증을 느껴 좀 다른 변화를 가져 보고 싶거나 또 회사에 다니면서 지금의 위치가 따분하고 발전의 앞날이 보이지 않는다는 좌절 같은 것을 느낄 때 옛날로 돌아가고 싶은 경우가 많다.

지난 여름 안면도 조그마한 포구에서 예순 살이 넘은 할머니를 만났다. 이 집에는 방이 두 개인데 여름 한 철은 방 하나를 비워 바닷가를 찾는 이들에게 빌려 주고 있었다. 아직 개발이 되지 않은 포구라서 유명한 해수욕장처럼 붐비지 않아 찾는 이도 그리 많지 않았.

밤이 깊어 밤바다가 보이는 마루에 앉아 할머니에게, '할머니는 겨울이 오면 이곳에 사는 것이 적적하지 않으세요?' 하고 물었다. 할머니는 웃으며, '겨울에는 모기가 없으니 깊은 잠을 잘 수 있어서 적적하지 않지.' 하면서 밭에 씨를 뿌리며 살아온 자신의 삶의 한 자락을 풀어 놓았다. 젊은 날 남편이 바다에 나가 죽고 딸 셋을, 언덕 너머에 있는 밭에 가서 채소를 심어 팔기도 하고 여름이면 민박도 해서 키워 시집을 보내고 혼자 살고 있었다.

나는 다시 혼자 사는 할머니의 마음을 건드리는 말이 될 줄을 알면서도 다시, '그래도 좀 적적하지요?' 하고 물었다. 그러자 할머니는, '그렇지 않아요. 시집간 딸들이 잘산다고 아침저녁으로 전화하는 것도 그렇고, 한평생 걸어다닌 밭고랑이지만 이슬이 내린 그 밭고랑을 걸을 때마다 이것이 있어서 내 자식들을 키울 수 있었구나 하는 생각도 들고, 옛날 밭고랑 사이에서 철없이 놀던 어린 딸들이 모습이 피어나면 파란 배추 잎이 딸의 얼굴로 바뀌는 즐거움이 있어서요.' 하는 것이었다.

할머니에게 있어서 딸이 떠나고 없는 이 마을에서의 고립된 생활이 고통으로 여겨지지 않는 것은 과거가 오늘을 만들어 올 수 있게 했다는 보람의 자긍이 자리를 함께 하고 있었기 때문이었다.

내가 토론토에 살 때였다. 나는 그때 한적한 시 변두리에 싼 셋방을 얻어 생활하고 있었다. 저녁이면 동네 사람들이 하나밖에 없는 작은 쇼핑몰로 모이곤 했다. 이 쇼핑몰 주변에는 열 평 남짓한 작은 피자집이 있었다. 피자헛처럼 큰 체인점이 아니고 흙으로 빚은 오븐에 일일이 손으로 만들어 구워 낸 피자를 파는 집이었다. 손으로 주물러 만드는 이는 쉰 살이 조금 넘은 이탈리아 사람이었고 주문을 받고 돈을 계산하는 이는 그의 아내였다.

나는 혼자 밥해 먹기가 귀찮아서 밤에 이 피자집에 자주 가게 되었고, 한적한 동네라 이 부부와 친하게 되었다. 나는 언제나 뜨거운 오븐 앞에서 밀가루를 반죽하느라고 얼굴에 흰 가루가 묻어 있는 이탈리아 아저씨가 측은해서, '이 직업이 좋아요?' 하고 물었다. 아저씨는 큰소리로 웃으며 두 손을 내 코앞에 내밀며, '이 손 좀 보아요. 불에 데인 곳이 수없이 많지만 이 피자를 구우며 살아왔기에 저 아내와 자식들을 데리고 행복하게 살고 있지 않소.' 하였다.

그의 말은 바닷가 할머니의 말과 같았다.

쓸데없는 과거로의 회귀는 현재의 아픔을 잊기 위한 상상적 도피 여행일 뿐이다. 무슨 일을 하고 살더라도 그 일이 내 삶의 미래를 어떻게 만들어 줄 것인가에 대해 확신이 있다면 그것은 보람으로 바뀌는 것이다. '이 일이나 해야 먹고살지요.' 가 아니라, '이 일이 있기에 행복하지요.' 하는 생각이 되어야 하는 것이다.

봄을 기다리는 것은 새로운 삶의 기대

> 나는 봄이 오면 지금도 종달새를 기다리며 보리밭을 서성거리는 나를 발견한다. 그리고 그 서성거림은 나 자신이 종달새처럼 하늘로 솟아오르고 싶어했던 욕망이 살아 있기 때문이다.

며칠 전 싸락눈이 뿌리던 밤이었다. 아파트 엘리베이터 앞에 서서 문이 열리기를 기다리는데 뒤에서 누가 '선생님!' 하는 것이었다. 나는 깜짝 놀라 뒤돌아보니 젊은 남녀 한 쌍이 서 있었다. 나는 알지 못하는 이들이라서 의아해하며 쳐다보자, '선생님 뵈려고 기다리고 있었습니다.' 하는 것이었다. 나는 무슨 사연이 있나 보다 하는 생각이 들어 집으로 들어오게 했다.

거실 의자에 앉아 내가 찾아온 사연을 묻자, 청년은 둘의 결혼 주례를 부탁하러 왔다는 것이었다. 나는 조금은 우습기도 해서, '잘 알지도 못하는 나에게 어떻게 주례를 부탁하러 왔느냐.'고 하자 '알지는 못하지만 선생님을 모시고 싶어서요.' 하는 것이었다.

선량해 보이는 청년과 단정하게 머리를 빗어 올린 여성의 모습이 건

실해 보여서 웃으며 허락하고서 언제가 결혼 날짜인가를 물었다. 청년이 '봄이요.' 하고 대답을 하더니 얼른, '삼월 십오일에요.' 하는 것이었다. 나는 그들을 보내고 다시 의자에 앉았을 때 청년이 자기도 모르는 사이에 입 밖으로 뱉은 '봄'을 생각하였다. 이들은 '봄이 오면' 하고 얼마나 기다리며 살아왔으면 무심코 그 말이 나왔을까 하는 생각이 들었다.

나도 이런 기억이 있다. 어린 날 봄방학이 되어 고향에 가면 고향 들판은 노란 보리로 가득 차 있었다. 따뜻한 햇살을 받으며 개천 둑에 앉아 노란 보리밭을 보고 있노라면 종달새가 하늘로 치솟으며 소리를 지르곤 했다. 나는 종달새를 잡아 보는 것이 소원이었다.

내가 종달새를 잡고 싶었던 것은 높은 하늘로 솟아오르는 그 힘을 나도 가지고 싶었다. 나는 종달새와는 달리 개천 둑 저편으로 날아갈 수도 없었고 진달래가 피어난 산 속으로도 갈 수가 없었던 것이다. 아무것도 할 수 없었던 나는 하얀 차돌을 손에 땀이 나게 만지작거리다가 하늘을 향해 쏘아도 종달새를 맞출 수가 없었다. 그런 날이면 나는 풀이 죽어 집으로 돌아오곤 했다.

그날도 한낮을 개천 둑에서 헤매다가 배가 고파 집으로 돌아와 부엌으로 가는데 할머니가 뒤에서 '오늘도 못 잡았니.' 하고 물으셨다. 아무 말도 하지 않고 돌아서려는데 할머니는 내 귀를 잡고 작은 소리로, '삼촌에게 말해 봐.' 하는 것이었다. 서른 살이 넘어도 몸에 병이 있어 장가를 가지 못하고 고향에 묻혀 사는 삼촌이 있었다. 그때까지 나는 한 번도 삼촌이 새를 잡아 줄 수 있다는 생각을 하지 못했다.

그날 밤 나는 삼촌 방으로 갔다. 그리고 종달새 이야기를 했다. 그러

삼촌은 주머니 속에서 새를 꺼내어 내 손에 쥐어 주었다. 새의 가슴께가 따뜻하였다.

이 따뜻함 때문에 손끝이 오므라드는 듯 겁이 났다.

새를 꼭 쥐면 날개가 부러질 것만 같아 느슨하게 잡고 마루로 올라서는 순간이었다.

갑자기 새가 요동을 하더니 날갯짓을 하는 바람에 놓치고 말았다.

자 삼촌은 웃으며, '그래. 내가 종달새를 잡아 주지.' 하셨다. 다음 날 아침부터 나는 삼촌 방 앞에서 기다렸다. 그날 따라 늦게 일어난 삼촌은 방문 앞에 서 있는 나에게, '해가 넘어 갈 때쯤 오너라. 내가 새를 잡아올게.' 하고 어디론가 나가셨다.

혼자 개천 둑에 가서 보리밭에서 솟아올라 하늘에서 쪼르르 소리를 지르는 종달새를 보았지만 해는 중천에 그대로 있었다. 지루하게 놀다가 저녁 무렵이 되어 집에 돌아왔다. 삼촌은 돌아오지 않았다.

한밤중이나 되어 삼촌이 왔다. 내가 너무 반가워 마당으로 달려나가자 주머니 속에서 새를 꺼내어 내 손에 쥐어 주었다. 새의 가슴께가 따뜻하였다. 이 따뜻함 때문에 손끝이 오므라드는 듯 겁이 났다. 새를 꼭 쥐면 날개가 부러질 것만 같아 느슨하게 잡고 마루로 올라서는 순간이었다. 갑자기 새가 요동을 하더니 날갯짓을 하는 바람에 놓치고 말았다. 푸르르 캄캄한 하늘로 날아가는 종달새를 보면서 나는 주저앉고 말았다.

그 후 나는 종달새 잡는 것을 포기했다. 따뜻했던 새의 체온은 오랫동안 손끝에 남아 있었고, 또 불쌍한 새라는 마음이 들었기 때문이다.

그러나 나는 봄이 오면 지금도 종달새를 기다리며 보리밭을 서성거리는 나를 발견한다. 그리고 그 서성거림은 나 자신이 종달새처럼 하늘로 솟아오르고 싶어했던 욕망이 살아 있기 때문이다. 이는 봄이라는 말보다는 하늘을 향해 날던 종달새가, 생동의 계절을 알리는 사신으로 나를 다른 사람으로 만들어 주는 계기가 되기 때문이다.

이제 다시 봄이 온다. 그러나 다가오는 봄은 들판에 피어나는 파릇한 풀잎의 등장으로만 여길 뿐, '봄이 오면.' 하는 기대의 깃발로 여기지는 않고 있다. 더욱이 도시에서 살다 보면 겨우 여인들의 가벼운 옷차림이나 때묻은 다리 난간을 닦아 내는 모자 쓴 아주머니들의 모습에서 봄을 느낄 뿐이다. 그러기에 봄은 계절이 가져다 준 변화일 뿐, 내가 기다리는 새로운 희망의 문이 될 수는 없는 것이다.

나에게 봄은 아직도 아지랑이 아물거리는 하늘로 솟아오르는 종달새와 만나는 꿈이 살아 있고, 그리고 그 꿈 사이로 '무언가 이루고 싶어 했던 날들'의 초상이 그려져 있는 것이다.

들판에 피어난 파릇한 풀 한 포기를 보면서 생명의 새로운 약동과 살아갈 내일의 또 다른 자신의 모습을 그려볼 수 있어야 봄이 온 거라 할 수 있을 것이다. 세월은 언제나 흘러가는 것이지만, 그 흘러가는 세월을 내 삶의 역동적 성장의 변화로 만드는 것은 '봄에 무엇을 할 것인가.' 하는 의지의 가지에 물이 올라야 하는 것이다.

봄날 아지랑이처럼 피어오르는 희망

'너는 비행기가 좋은 모양이지.
그렇지만 좋다고 그것을 그대로 그리는 것은 별 의미가 없어.
다시 한번 생각해 봐. 너는 날고 싶은 거지. 난다는 말은 자유스럽게
어디든지 가고 싶어서 생긴 것 아닌가. 이제 날고 싶은 마음을 그려야지.'

어느 봄날 고향에서 있었던 일이다. 아이들과 학교 운동장에서 공놀이를 하고 있었다. 갑자기 꾸르륵 하는 소리가 들리더니 집채만한 헬리콥터가 머리 위에서 돌고 있었다. 몇 바퀴를 돌던 헬리콥터는 운동장 한가운데 내려앉았다. 우리들은 나무 밑으로 피해 있다가 부연 먼지가 가라앉은 다음 헬리콥터 옆으로 뛰어갔다.

멋진 헬멧을 쓴 조종사가 내려오더니 우리를 보고 손을 흔들었다. 그리고 빙 둘러서 있는 아이들을 향해, '이놈들, 헬리콥터 처음 보지.' 하였다. 그리고 조종사는 친절하게 아이들을 가까이 오게 해서는 이것 저것 설명을 하더니, 잠시 후 헬리콥터를 몰고 큰 소리를 내며 하늘로 솟구쳐 올라 우리 시야에서 사라져 버렸다.

우리는 텅 빈 운동장을 나와 보리가 노랗게 익어 가는 들판이 내려다보이는 양지바른 언덕 어느 무덤가 잔디 위에 옹기종기 앉았다.

헬리콥터가 떠난 후 모두들 아무 말도 하지 않고 있다가 잔디 위에 앉았을 때 누군가가, '나는 커서 헬리콥터 조종사가 될 거야.' 하고 입을 열었다. 그러자 한 아이가, '그게 얼마나 어려운데.' 하였다. 그러자 헬리콥터 조종사가 되겠다고 말한 아이는 입을 꼭 다물고 있었다. 나도 조종사가 되고 싶다는 말을 입안에 몇 번 굴렸지만 다른 아이가, '그게 얼마나 어려운데.' 하면 할말이 없을 것 같아 입을 꼭 다물었다.

그날 밤 나는 이불 속에서 서울에서 인민군 점령하에 한강가에서 보았던 헬리콥터가 떠올랐다. 인민군이 서울을 점령하고 얼마 있지 않아 미군 비행기들의 폭격이 시작되었다. 어느 날은 큰 폭격기가 나타나서 까만 폭탄을 뿌리고 갔다.

또 어느 날에는 작은 프로펠러형 전투기가 와서 타타타타 기총 소사를 하고 가기도 했다. 미군 비행기들이 나타나면 어디에선가 고사포를 쏘아대고 하늘은 목화송이가 피어 있는 듯 하얀 연기 주머니들이 달려 있었다.

어느 날 석양이 질 무렵이었다. 여의도 남쪽에서 프로펠러를 단 전투기가 꼬리에 연기를 달고 내려앉는 것이 보였다. 아이들은 고사포에 맞은 비행기가 떨어졌다고 했다. 그런데 몇 분이 지나지 않아 전투기들이 열 대가 넘게 날아와 원을 그리면서 한 대씩 내려와 총을 쏘고는 다시 하늘로 치솟곤 하는 것이었다. 그리고 한참 후 헬리콥터가 날아오더니 모래사장에 내려앉았다가 다시 하늘로 날아가는 것이었다. 아이들은 떨어진 비행기에 타고 있던 조종사를 구출해서 가는 것이라고 했다.

그 신기한 광경에 우리는 넋을 잃고 보기만 했다.

그날 이후 나는 생명을 구하는 헬리콥터 조종사에 대한 동경을 지니게 되었다. 그러나 나는 큰 덩치의 비행기를 몰 자신도 없었지만, 하늘로 솟아오르는 그 힘을 내가 감히 조종할 수 있을까 하는 두려움으로 동경만으로 만족할 뿐이었다.

그러면서도 나는 하늘로 솟는 것에 대한 동경을 지니고 어쩌다가 종달새가 하늘로 날아오르는 것을 볼 때면 먼 하늘 저편으로 날아갈 수 있는 종달새가 부럽기만 했다.

그러다가 어린 날 내가 나는 것에 대한 부러움이 변해서, 알을 깨고 나오는 병아리처럼 새로운 변신의 순간을 말하는 것임을 발견하게 되었다.

중학교 때였다. 미술 시간에 학교 운동장가에 서 있는 포플러나무 그늘에서 그림을 그리고 있었다. 나는 나무 위로 나는 비행기를 그렸다. 미술 선생님이 지나가다가 보시곤, '너는 비행기가 좋은 모양이지. 그렇지만 좋다고 그것을 그대로 그리는 것은 별 의미가 없어. 다시 한 번 생각해 봐. 너는 날고 싶은 거지. 난다는 말은 자유스럽게 어디든지 가고 싶어서 생긴 것 아닌가. 이제 날고 싶은 마음을 그려야지.' 하셨다.

물감으로 비행기를 지우고 파란 하늘에 무엇을 그려 넣을까 생각해 보았지만 아무것도 떠오르는 것이 없었다.

봄이 오면 미술 선생의 말을 지금도 떠올리게 된다. 누구나 무엇이 되고 싶은 소망이 있다. 하늘을 나는 새가 되고 싶기도 하고, 비행기의 조종사가 되고 싶기도 하다. 아니면 구름이 되고 싶기도 하다. 그러나

이는 사물의 형상처럼 눈에 보이는 단순한 욕구의 표상일 뿐이다. 자신의 삶을 변화시켜 지금보다 나은 삶의 세계를 창출해 보고자 하는 형상으로 승화되지 않으면 어린 날 그려본 비행기처럼 껍데기뿐인 동경이 되는 것이다.

며칠 전 결혼한 지 10년이 다 된 부부가 찾아왔기에, '이제 생활도 안정되었으니 앞으로 무엇을 하시렵니까.' 하고 물어 보았다. 부인은 웃으며, '이제 애들이나 좀더 보살피며 살아가는 것밖에 뭐가 또 있겠어요?' 하는 것이었다. 그리고 남편 역시, '직장에나 충실하게 다니는 일밖에 더 있어요?' 하는 것이었다.

나는 이 부부가 돌아가고 난 뒤 곰곰 생각해 보았다. 소박하다는 겸손으로 내일을 어떻게 살 것인가에 대해 아무런 꿈을 가지지 않는 것이 당연한 듯이 생각되지만, 이는 지표를 잃은 배와 같이 삶의 의미를 잃어버린 것에 지나지 않는 것이었다.

마치 결혼이라는 것이 행복 그 자체가 아니고 행복으로 가고자 하는 굳은 약속이기에, 아무리 세월이 흘러도 오늘보다 더 나은 내일을 향해 부부간에 서로 무엇을 더 해줄 수 있는가를 생각해 보아야 발전적 결혼생활이 될 수 있는 것이다. 오늘의 순간에 머문다면 비행기만 그리고 앉아 있었던 어린 날의 내 모습과 다를 것이 없을 것이다.

그러기에 이 봄에는 내 삶터에 고생이라는 호미질을 해서 터를 기름지게 가꾸어 내일을 향한 씨앗을 심을 수 있게 해야 할 것이다.

그 씨앗은 비행기로 나타났던 어린 날 막연한 환상의 형상이 아니라, 오늘을 박차고 내일로 날아 어디로 가고자 하는 생명의 또 다른 변신의 역사가 무엇인지에 대한 확고한 지향이 되어야 할 것이다.

오월의 꽃밭에 피어나는 할머니

그 할머니를 만난 지도 오래 되었다. 내 할머니도 이젠 내곁에 없다.
하지만 내 마음속에는 꽃을 친구로 해서 살아가는 할머니도 있고,
파란 하늘이 바라다보이게 껴안아 주시던 할머니도 있다.

꽃 들이 한창이다. 분홍색 진달래꽃은 이미 더 진한 철쭉으로 바뀌었지만 가지가지 꽃들이 숲 속을 온통 자기들만의 색으로 물들이고 있다. 이 화려한 오월의 꽃 잔치를 보면서 문득 며칠 전 춘천으로 가는 길에 잠시 강촌 부근의 강가에서 쉴 때 일이 생각난다.

자갈이 깔린 강변에 앉아 강 건너 작은 기차 정거장을 보았다. 문득 내가 스물여섯 살 무렵 이 역에 내렸던 기억이 살아났다. 그때는 춘천에 있는 대학으로 강의를 나가고 있어서 매주 월요일이면 이 역을 지나다녔다. 오월 어느 날 월요일 출근하기 위해 기차를 탔다. 타고 나니 같은 학교에 나가는 교수 한 분이 '오늘은 학교 개교기념일이라 강의를 하지 않기로 했다는데.' 하면서 서울에서 쉬지 왜 내려가느냐고 묻는

것이었다. 나는 개교기념일인 걸 잊고 습관적으로 춘천행 기차를 탔던 것이다. 잠시 어떻게 할까 생각을 하다가 어차피 다음날 강의가 또 있으니 그냥 그대로 가기로 하였다.

어느덧 기차는 강촌역에 닿았다. 나는 매주 지나다니며 고향의 조그마한 역과 닮은 강촌역에 한번 내려 보아야지 하고 마음을 먹고 있었던 터라 한가한 오늘 내려 보기로 했다. 강가에 붙은 조그마한 강촌역은 아침이라서 그런지 내리는 사람이라고는 나 혼자였다. 자그마한 역사를 벗어나 돌계단을 걸어 내려가 강가로 갔다. 안개가 보얗게 덮인 강물은 흔들리지도 않고 소리도 없이 흘러 내려가고 있었다.

강을 따라 북쪽으로 조금 올라가니 샛강과 만나는 자리가 있었다. 그리고 자갈들이 깔린 넓은 자리에 빨래터가 있었다. 거기에는 한 할머니가 앉아서 옷가지들을 빨고 있었다. 나는 할머니 곁으로 갔다. 할머니는 낯선 나를 보더니, '이 동네에 누굴 찾아 왔수?' 하고 물었다. 나는 '아닙니다.' 하고 대답을 하였다. 그런데 흰 수건을 머리에 두른 할머니를 보니 고향에 사시던 할머니 생각이 났다.

내 할머니도 아침이면 개울로 갔다. 하얀 무명옷들을 베개 만한 비누로 문질러서 하얗게 거품을 일구어 방망이로 두들기곤 했다. 나는 그 곁에서 자갈을 주워다가 성을 쌓기도 하고 동그란 굴레를 만들어 보기도 했다. 할머니는 곁에 앉아서 돌로 이것저것을 만들다가 지쳐 피라미라도 잡아 돌로 쌓은 굴레 안에 넣기도 하는 나를 보고는 '할매가 빨래 얼른 끝내고 감자 삶아 줄게.' 하시곤 했다.

나는 이 놀이가 싫증이 나면 할머니 곁을 빠져 나와 가파른 바위가 있는 계곡으로 올라갔다. 계곡엔 철쭉이 한창이었다. 이름을 알 수 없

강을 따라 북쪽으로 조금 올라가니 샛강과 만나는 자리가 있었다.

그리고 자갈들이 깔린 넓은 자리에 빨래터가 있었다.

거기에는 한 할머니가 앉아서 옷가지들을 빨고 있었다.

흰 수건을 머리에 두른 할머니를 보니 고향에 사시던 할머니 생각이 났다.

는 많은 꽃들이 피었어도 서울서 자란 나에게는 색깔이 다른 여러 가지 꽃이었을 뿐, 철쭉밖에 이름을 아는 꽃이 없었다.

한낮이 되어 할머니가 빨래를 끝내고 흰 무명이나 옷가지들을 자갈밭에 펴놓고 나서 나를 불렀다. 할머니는 나에게 자갈밭에서 옷이나 무명이 바람에 날려 가지 못하게 지키고 있으면 집에 가서 감자를 삶아 오겠다고 하셨다.

나는 할머니가 집 쪽으로 사라지고 나면 계곡 바위 위에 앉아서 마치 흰옷을 입은 사람들이 누워 있는 듯한 자갈밭의 빨래들을 보면서 여러 가지 꽃들로 꽃다발을 만들곤 했다. 옷을 지키기가 지겨워 풀잎을 따서 반지라도 몇 개 만들고 있으면 할머니는 멀리서부터 내 이름을 부르며 오시곤 했다. 할머니는 계곡 위에서 마치 구출이라도 된 듯 한숨에 뛰어내려 오는 나를 한참이나 껴안고, '아이구 내 새끼야, 내 새끼야.' 하셨다. 할머니의 거친 손이 내 얼굴을 만질 때면 따갑기도 했지만 할머니 가슴에 안겨 파란 하늘에 떠 있는 솜털 구름을 보면 할머니가 나를 정말로 사랑하고 있구나 하는 뿌듯함이 있었다.

나는 어린 날의 할머니를 생각하며 강촌 샛강에서 빨래를 하고 있는 할머니에게 '할머니는 손자가 있으세요?' 하고 물었다. 그러자 할머니는 수건을 벗으며 환한 얼굴로, '그럼, 서울에 있지.' 하셨다. '더러 찾아오지요?' 하고 다시 물었다. 그 말에 할머니는 갑자기 얼굴색이 어두워지면서, '요사이 아이들이 시골 맛을 알아야지. 내려오기야 더러 하지만 저 산너머에 있는 스키장으로나 가자 하고 아니면 저 위에 있는 소양호에 보트나 타러 가자고 하지 할머니와 같이 있으려고 하지를 않네.' 하시는 것이었다.

할머니는 마침 빨래가 끝나 빨래 바구니를 머리에 이고는, '우리 집에 가서 차나 한잔하고 가게.' 하셨다. 할머니 집은 강가에서 바로 보이는 곳이어서 그 뒤를 따라갔다. 마당에 들어서자 온통 꽃밭이었다.

내겐 정말 이름 모를 꽃들이 마당에 가득 피어 있었다. 할머니는 혼자 살고 계시다고 했다. 나를 부른 것은 사람이 그리워서였구나 하는 것을 한순간에 알 수 있었다. 할머니에게 '마당에 웬 꽃을 이렇게 심어 놓았어요?' 하고 물었다. 할머니는 새까만 얼굴로 '이것들이 내 친구지.' 하셨다.

오월은 왔다. 그 할머니를 만난 지도 오래 되었다. 내 할머니도 이젠 내 곁에 없다. 하지만 내 마음속에는 꽃을 친구로 해서 살아가는 할머니도 있고, 파란 하늘이 바라다보이게 껴안아 주시던 할머니도 있다. 그러나 지금 할머니도 없이 자라는 아이들은 꽃이 왜 피어나는지 생각해볼 겨를이나 있을는지.

남편에게 구두를 도둑 맞은 여인

남편에게, '사랑은 보이지 않는 것도 보게 하는 힘' 이 있는 것이라고
말하면서 손이라도 잡아 주라고 했다. 그런데 부끄럽게도 나는
아내의 닳아진 구두를 본 적이 없다.

10년 전 삼십대의 주부
가 우리 앞집에 세 들어 살고 있었다. 가끔 김장철이면 우리 집에 와서
일도 돕고 해서 길에서 만나면 인사를 하곤 했다. 그런데 어느 날 우리
집에 동네 주부들이 모여들었다. 밤이 깊었는데도 가지를 않고 무엇인
가 심각하게 이야기하는 것이었다. 한밤중이 되어 이들이 가고 난 후
어머니께 왜 모였는가를 물었다. 어머니 말씀이 그 주부 집에 좀도둑이
들어 벌써 몇 번인가 구두를 훔쳐 가서 방범 대책을 세우기 위해 모였
다고 하였다.

옛날과는 달리 구두를 집어 가는 좀도둑들은 사라지고 없는데, 그
집만 유독 주인집 구두는 훔쳐 가지 않고 그녀의 구두만 훔쳐 간다는
것은 무슨 사연이 있는 것 아닌가 하는 생각이 들었다.

그런데 어젯밤 남편이 마루에 놓아둔 가방에 그녀의 잃어버린 구두가 들어 있더라는 것이다. 남편은 일하느라고 닳아빠진 아내의 구두를 보면서, '새 구두를 사 신어요.' 하면 아내가 부끄러워할까 봐 감췄던 것이다.

    그녀는 일 년 전부터 어느 판매 회사에 나가고 있었다. 어머니 말씀으로는 그녀는 다리가 퉁퉁 부어오르도록 쫓아다니며 열성적으로 물건을 팔아 남편이 조그마한 회사에 가서 벌어 오는 돈보다 더 많이 번다는 것이었다.
    나는 그 일을 까맣게 잊고 지냈는데 두 달쯤 지난 어느 날 밤이었다.
    그녀가 엉뚱하게 나를 찾아왔다. 마침 아내도 없었다. 마루로 나가니까 그녀가 선 채로 있었다. 내가 찾아온 사연을 묻자 그녀는 갑자기 눈물부터 흘렸다. 당황해서 왜 그러느냐고 다시 묻자 그제야 목메인 소리로 사연을 털어놓았다. 그녀는 자기의 구두가 한 달에 한 번 꼴로 계속 없어지자 속이 상해서 집 열쇠를 갈아 보기도 하곤 했지만 일 년 사이에 네 켤레나 잃어버렸다는 것이었다.

그런데 어젯밤 남편이 마루에 놓아둔 가방에 그녀의 잃어버린 구두가 들어 있더라는 것이다. 남편은 일하느라고 닳아빠진 아내의 구두를 보면서, '새 구두를 사 신어요.' 하면 아내가 부끄러워할까봐 감췄던 것이다.

그녀는 나에게 자기의 잃어버린 구두가 들어있던 가방을 보았다고 남편에게 이야기해야 할 것인가를 물었다. 나는 그냥 있으라고 했다. 그리고 남편에게, '사랑은 보이지 않는 것도 보게 하는 힘'이 있는 것이라고 말하면서 손이라도 잡아 주라고 했다. 그런데 부끄럽게도 나는 아내의 닳아진 구두를 본 적이 없다.

어느 아버지의 갈등

> 아무리 교육적이라고 우겨도 아이들의 순진한 눈길은 벗어날 수 없는 것이기에 이 어린것이 중학생이 되어 길에서 옛 담임 선생님을 만나, '저 선생님이 별을 팔아 돈을 걷던 선생님이야.' 하는 소리를 들으면 선생님으로서 가치가 있을까.

지난 삼월, 내가 사는 분당에도 이제 갓 입학한 어린아이들이 학교에 가려고 엄마의 손을 잡고 엘리베이터에 타는 것을 볼 수 있다. 노란 유치원 가방을 던져 버리고 제법 덩치가 큰 형들처럼 가방을 메고 있는 아이도 있고, 손에 무엇인가를 들고 있는 아이도 있다.

이들은 한결같이 옷차림이 깨끗하다. 처음 학교에 가는 아이를 위해 부모들이 얼마나 고심했는가를 한눈에 알 수가 있다.

이들을 보고 있으면 아들의 일이 생각난다. 이제는 결혼을 해서 어른처럼 보이지만 그가 초등학교에 갈 때 우리 부부가 겪었던 자질구레한 일들은 아직 그대로 내 가슴에 새겨져 있다.

처음 입학을 한다고 법석대며 백화점이란 백화점은 다 돌아다니면서, '이것을 입히면 좋을까, 저것을 입히면 괜찮을까.' 하고 즐겁게 의논하던 일부터 '미리 공부를 좀 시켜서 보내는 것이 좋지 않을까.' 하는 교육 방법에 이르기까지 걱정 아닌 걱정을 하느라고 참으로 고생을 많이 했다.

그 뿐만이 아니었다. 손자의 입학에 관심을 가진 할머니와 할아버지도 우리와 같았다. 아들이 학교에서 돌아오면 꼭 할아버지께 전화를 해서, '오늘 무엇을 배웠어요.' 하고 알려드려야 기뻐하셨다. 아들의 입학은 온 가정의 중심사였다.

어제 저녁이었다.

같은 분당에 살고 있는 어느 회사에 다니는 삼십대의 한 아버지가 찾아왔다. 분당에 함께 살고 있지만 일 때문에 밖에서만 만났지 집에 찾아와 인사를 드리지 못하였다고 온 것이었다.

그와 이야기를 나누면서 보니 단지 인사치레로 온 것이 아니라 꼭 할말이 있어서 찾아온 듯한 인상이어서, '자네가 나를 갑자기 찾아온 데는 무슨 곡절이 있지?' 하고 물었다. 그는 이미 비어 버린 커피잔을 내려다보면서, '바쁘신 선생님이 편히 쉬시게 하지 못하고 찾아온 데는 말 못할 사연이 있어서요.' 하고 털어놓는 것이었다.

그는 옛날 나처럼 아들이 초등학교에 입학하였던 것이다. 그런데 아들의 담임 선생님은 나이가 조금 있는 여자 선생님인데 아이들의 선행과 공부를 좀더 권장하기 위해서 흰 종이에 별표를 백 개나 붙일 수 있는 판을 주었다는 것이다. 그리고 매일 교실에서 질문에 대답을 잘한 아이에게, 혹은 숙제를 잘한 아이에게 별을 나누어주고 붙이게 하였던 것이다. 그리고 별을 백 개까지 다 붙인 아이에게는 상을 준다고 격려도 하였다.

그의 아들은 며칠 동안 별을 두 개, 세 개씩 받아 와서 부모 앞에 내놓고 좋아하였고, 아침에 학교에 갈 때면 오늘도 잘해서 별을 따오겠다고 다짐을 하곤 했다는 것이다.

그런데 얼마 지나지 않아 그의 아들이 고개를 숙이고 돌아오기 시작했다. '아무리 손을 들어도 나를 시키지 않아.' 하고 아들이 속상해 하는 것을 보면서 아버지는, '반에는 많은 아이들이 있는데 꼭 너만 시킬 수 있니.' 하고 달래곤 했던 것이다.

어느 날 저녁 그가 퇴근해서 집에 들어가니 아내가 소매를 잡고 방 안에 가서, '위층 아이 엄마가 그러는데 학교에 가서 담임께 인사를 하래요.' 하더라는 것이다. 첫 아들의 사기 저하가 말이 아니라서 '남들도 하는데 인사 겸 봉투를 주지.' 하면서 아내에게 학교에 한번 가 보

아들은 며칠 동안 별을 두 개, 세 개씩 받아 와서 부모 앞에 내놓고 좋아하였고, 아침에 학교에 갈 때면 오늘도 잘해서 별을 따오겠다고 다짐을 하곤 했다는 것이다.

어느 아버지의 갈등

라고 했다는 것이다.

　아내가 학교에 가서 흰 봉투에 10만 원을 넣어 담임선생님께 건네고 돌아오자 다음날부터 다시 아들의 별 숫자가 늘어나기 시작하였다는 것이다. 그런데 얼마 전부터 다시 별 숫자는 그 자리에 머물면서 담임선생님이 '어머니가 바쁘시니.' 하고 묻기 시작하였다는 것이다. 그는 나에게 이런 경우에 어떻게 대처해야 하는가를 물으러 온 것이다.

　그는 이 말을 마치고 한참 머뭇거리다가 말하기를, '처음 아이 엄마가 인사를 하지 않았는데도 별을 받아 온 것은 아들이 생긴 게 두툼하고 있는 집 아이처럼 귀티가 나는 것을 보고, 돈깨나 있는 집인가 보다 하는 선생의 착각 때문이었을 것이라는 생각이 드니 나를 닮은 그 얼굴이 더 속상하는 것입니다.' 하였다.

　아직도 초등학교 선생님 중에 이런 분이 있을까. 나는 춘천에 있을 때 깊은 산골 초등학교에서 스스로 밭을 일구고 감자를 심어 배고파하는 아이들에게 감자를 삶아 주면서 공부를 가르치던 선생님을 보았기에 참으로 속이 상했다.

　치졸하게 백 개씩이나 별을 붙이게 하는 판을 아이들에게 나누어주고 돈을 벌어들이는 수단으로 사용하는, 이런 장사꾼보다 못한 짓을 하는 선생님이 아직도 분당 어느 초등학교에 있을까 하는 생각만 해도 기분이 우울해진다. 아무리 교육적이라고 우겨도 아이들의 순진한 눈길은 벗어날 수 없는 것이기에 이 어린것이 중학생이 되어 길에서 옛 담임 선생님을 만나, '저 선생님이 별을 팔아 돈을 걷던 선생님이야.' 하는 소리를 들으면 선생님으로서 가치가 있을까.

캐나다에서 본 곰의 눈빛

아들은 내 무릎에 앉아, '아버지, 지붕까지 내린 눈을 보았다고 하면 한국에 있는 친구들이 믿지 않겠지요. 더욱이 곰을 보았다고 하면 거짓말이라고 할 테지요?' 하고 내 눈을 보았다.

어린 날 할머니는 나를 무릎에 눕히고 울릉도에서는 눈이 내리면 눈이 지붕까지 덮도록 쌓여 밖에 나갈 수도 없다고 했다. 나는 할머니의 말을 들을 때면 마당에 싸락눈이 가랑잎처럼 바람에 쏠리는 것을 보면서 크리스마스카드에 그려져 있던 눈 덮인 마을을 꿈꾸었다.

그랬는데 내가 눈이 많이 내리는 토론토대학에 교수로 갔다. 우리 가족은 집세를 싸게 내려고 시내에서 멀리 떨어진 변두리에 조그마한 단독 주택을 얻었다. 여기서는 시월이 지나면서 눈이 내렸다. 밤새 부르릉거리며 불도저가 다니는 소리가 났다. 눈이 쌓이면 도로가 막혀서 출근을 할 수 없게 되니까 눈이 내리기 시작하면 제설차가 온 밤을 헤매고 다니는 것이다.

학교에 가다가 보면 고속도로 옆이 마치 하얀 담장을 둘러쳐 놓은 듯 눈이 쌓여서 길옆의 집들이 보이지 않을 정도였다. 새해를 앞둔 어느 날 우리 가족은 토론토에서 북쪽으로 300킬로미터나 떨어진 호숫가의 오두막집을 며칠 빌려 새해를 맞기로 했다. 섣달 그믐날 오후 우리 가족은 낡아서 털털거리는 차를 타고 그 오두막집으로 출발했다. 영하 18도까지 내려간 날씨 탓으로 도로는 얼음판이 되었고 가끔 내리는 눈은 안개처럼 바람에 흩날리고 있었다. 자동차 바퀴는 다 닳아 미끄럽기만 하였다.

그러나 우리 가족은 이국의 원시적 눈 세계에 대한 동경으로 무서움도 잊고 있었다. 그날 밤이 깊어서야 겨우 오두막집에 닿았다. 통나무집 벽난로에 신문지를 말아 불쏘시개 삼아 장작을 얼기설기 걸쳐 불을 붙여 방안에 훈기가 돌자 비로소 눈 속의 오두막집임을 실감했다.

아침이었다. 창 밖을 내다보니 하얀 눈이 창을 덮고, 겨우 한 뼘 정도 하늘이 보이고 그 사이로 햇빛이 들어오고 있었다. 눈이 지붕까지 차 버렸다. 나는 일어나 나무 의자를 가져다가 현관 위 창틀에 매달렸다. 눈은 지붕 처마까지 닿아 있었고 처마 끝에서 검은 곰 세 마리가 어슬렁거리고 있었다.

아이들을 깨우고 우리는 모두 소파나 의자 위에 서서 곰을 보았다. 얼마 후 관리인이 불도저로 길을 내고 삽으로 눈을 퍼서 현관문을 열 수 있게 해 주었다. 그때 중학생이었던 아들은 내 무릎에 앉아, '아버지, 지붕까지 내린 눈을 보았다고 하면 한국에 있는 친구들이 믿지 않겠지요. 더욱이 곰을 보았다고 하면 거짓말이라고 할 테지요?' 하고 내 눈을 보았다.

나는 어린 날 할머니 집 마당에 뿌려지던 싸락눈을 보며 울릉도와 크리스마스 카드를 상상하던 생각이 났다. 하얀 눈밭은 어린 시절을 묻고 있다. 따뜻한 흰 이불처럼 순수했던 지난날의 아름다움을 언제나 뿌려 주는 천사의 옷자락일 뿐이다.

푸근한 인정의 미역밭이 있는 갯마을

나는 얼른 '남편이 바다로 갔는가요.' 하고 묻고 싶었지만 꾹 참았다.
그러나 이 참음은 아무 소용없는 것이 되었다.
여인은 '옛날에는 과부라도 서로 의지하고 남편이 돌아오기를 기다리며 살았는데, 세상이 변해서예.' 하는 것이었다.

로 멀리 기차 소리를 바람결에 들으며, 어쩌다 동해 파도가 돌각담 밑을 찰싹대는 H라는 갯마을이 있었다.

더께더께 굴 딱지가 붙은 모 없는 돌로 담을 쌓고, 낡은 삿갓 모양 옹기종기 엎드린 초가가 스무 집 될까 말까? 조그마한 멸치 후리막이 있고, 미역으로 이름이 나 있으나 이 마을 사내들은 대부분 철 따라 원양 출어에 품팔이를 나간다.

오영수의 '갯마을'이라는 작품의 서두다.
유독 이 작품의 무대가 되는 갯마을을 기억하는 것은, 내 고향이 작가인 오영수가 살았던 울산 근처와 가깝다는 이유도 있지만 그보다는 젊은 시절 울산 근처 울주나 방어진, 아니면 포항에 이르기까지 동해남부선 열차를 타고 다녔던 추억이 단단하게 이곳과 묶여 있기 때문이다.

중학교 시절 나는 피난지 대구에서 보냈다. 서울서 보따리를 싸 들고 내려온 피난민들과는 달리 나는 고향이 경주 근처 건천이라는 마을이었고, 할머니와 할아버지 그리고 삼촌이 고향에 계셨기에 타향살이의 서러움을 고향 찾아가는 일로 달랠 수 있었다. 뿐만 아니라 고향 친구들은 비록 서울말을 쓰는 나였지만 껄끄럽게 대하지 않고 언제나 함께 자란 친구로 대해 주었다. 나는 이들 친구들과 어울려 30리 남쪽으로 내려간 경주 시내로 나들이하였고 또 여름이면 동해남부선을 타고 60리 떨어진 울산으로 가서 바닷가에 나가 놀다 오곤 했다.

지금은 지명을 잊었지만 방어진 근처에 가면 포경선들이 줄지어 조그마한 부두에 닻을 내린 풍경을 볼 수 있었고, 때로는 선창에서 뱃사람들이 싸우는 모습을 볼 수 있었다. 그러다가 중학교를 졸업할 무렵 한 친구가 울주 근처 바닷가에 살고 있는 친척집에 간다고 나에게 같이 가자고 했다. 할머니의 허락을 받아 이틀간 다녀오기로 했다.

이십여 호 가량의 초가집들이 해풍에 시달려 내려앉은 듯한 바위로 빙 둘러쳐져 있는 바닷가 마을에 닿은 것은 저녁 어스름이 퍼질 무렵이었다. 마흔 살쯤 되어 보이는 아주머니와 열 살쯤 된 소녀가 우리를 반갑게 맞았다. 초가집 쪽마루에서 미역국이 얹힌 밥상을 받아 들고 앉아서 나는 지나가는 인사의 말로, '어른께 절을 올리지도 않았는데 저녁부터 먹어서 되겠습니까.' 하고 아주머니한테 말했다.

그러자 아주머니는 잠시 아주 어색한 표정을 짓더니 곧, '걱정 마라, 우리 집의 어른이 나다.' 하였다. 나는 속으로 뜨끔하였다. 그날 밤 방안에 누워서 친구에게 내가 물었다. '이 집에는 남자가 없니.' 그러자 친구는 모기 만한 소리로, '바다에 나가 돌아오지 않았어.' 하는 것이었다.

나는 이틀 동안, 미역을 따서 말리느라고 펼쳐 놓아 마치 까만 밭처럼 보이는 바닷가를 뛰어다니면서 놀았지만 남자들의 모습은 볼 수 없었다. 마을에는 과부들이 대부분이었다. 고기잡이를 나가서 돌아오지 않는 아버지를 기다리는 어린것들만이 동네를 싸다니고 있었다.

떠나기 전날 밤이었다. 밤이 깊어 초가집 기둥에 석유등을 켜 놓고 마당 한가운데 멍석에 앉아 있을 때였다. 돌담 저편에서 무엇인가 중얼거리는 소리가 났다. 나는 얼른 담장 너머로 고개를 내밀었다. 건너편 집 장독대 앞에 옷을 하얗게 차려 입은 한 여인이 두 손을 모으고 무어라고 중얼거리며 빌고 있었다. 친구에게 무슨 뜻인지를 눈짓으로 물었다. 친구는 입을 손가락으로 막았다. 그리고 돌아오는 기차 안에서 친구는 '남편이 살아 돌아오기를 비는 거야.' 하고 알려 주었다.

내가 서울로 올라와 다시 이 마을을 찾게 된 것은 훌쩍 커 버린 대학원 1학년 때였다. 나는 여름방학을 맞아 부산에서 출발해서 동해남부선 역마다 하루쯤 아니면 반나절이라도 머물면서 고향으로 갈 작정을 했다. 처음 부산을 출발해서 내린 곳이 일광이었다. 모래가 너무 맑아서 발바닥이 그대로 남아 있는 해변가를 돌아 솔숲에서 한나절을 보내고 다시 기차를 탔다.

바닷가를 끼고 돌아가는 기차 난간에 매달려서 나는 친구의 친척집이 생각났다. 울산에서 내려 버스를 타고 울주 근처까지 걸어서 도착하여 보니 한밤중이었다. 겨우 그 친척집을 찾긴 했으나 집은 비어 있었다. 폐가가 되어 버린 친구의 친척집 앞에서 망연해 하다가 지나가는 트럭을 붙잡고 사정하여 짐칸에 올라타고 방어진으로 왔다. 방어진 어느 허름한 술집에 불빛이 있어서 들어갔다.

서른 살쯤 되어 보이는 여인이 혼자서 마악 문을 닫으려 하고 있었다. 나는 여인에게 사정을 해서 국밥을 사 먹을 수 있었다. 그런데 잘 곳이 없었다. 내가 난처한 사정을 안 여인은 나무 탁자를 붙여 놓고 자라고 하였다. 나무 탁자 위에 누워 있었지만 잠이 오지 않았다. 여인도 방안에 들어갔지만 잠은 오지 않았는지 곧 나와서 왜 돌아다니는지를 물었고, 내가 울주에서 보낸 옛날 기억을 이야기하자 여인은 감회 어린 목소리로, '이제는 그곳에 아무도 없어예.' 하면서 '나도 그 마을에서 나왔지예.' 하는 것이었다. 나는 얼른 '남편이 바다로 갔는가요.' 하고 묻고 싶었지만 꾹 참았다. 그러나 이 참음은 아무 소용없는 것이 되었다. 여인은 '옛날에는 과부라도 서로 의지하고 남편이 돌아오기를 기다리며 살았는데, 세상이 변해서예.' 하는 것이었다.

나는 이 여인을 말을 듣는 순간 오영수의 '갯마을'을 다시 떠올렸다. 남편이 바다로 가서 돌아오지 않아 혼자 외롭게 살다가 상수라는 새 남자를 따라 마을을 떠났다가 다시 남편의 제삿날에 갯마을로 돌아온 해순이라는 여주인공이 눈앞에 보였다. 바닷가 갯냄새를 잊지 못하고 다시 돌아온 그녀에게 따뜻한 인정으로 싸안아, '달음산 마루 초아흐레 달이 걸린 날'에 '달 그림자를 따라 멸치떼가 들었던' 그 아름다운 인간다움의 본향을 내 가슴에 안을 수 있었던 것이다.

아직도 동해남부선 단선 외줄을 타고 소걸음으로 느리게 달리던 열차의 기억이 새롭다. 그 조그마한 역사에 잠시 내려서기만 해도 바다가 보이고, 그 바닷가에는 수많은 신라 시절의 사설들이 파도에 씻겨지고 있다. 말갛게 이는 파도의 거품 자락에는 서로 외로움을 달래며 살아가던 과부들의 기원이 매달려 있음을 볼 수 있다. 미역밭이 그대로 바다의 한 자락을 옮겨 놓은 듯 널려 있는 것처럼.

건너편 집 장독대 앞에 옷을 하얗게 차려 입은 한 여인이 두 손을 모으고 무어라고 중얼거리며 빌고 있었다.
친구에게 무슨 뜻인지를 눈짓으로 물었다.
친구는 입을 손가락으로 막았다.
그리고 돌아오는 기차 안에서 친구는
'남편이 살아 돌아오기를 비는 거야.'
하고 알려 주었다.

제 3 부

참된 삶이란 무엇인가

하지 않아야 할 일을 하지 않고
할 수 있는 일을 하는 선택의 방향이
바로 훌륭하게 사는 사람의 삶이다.

'나'는 누구인가

이러한 세 가지 조건을 바탕으로 좋은 인간 관계를 지닐 수 있게
하기 위해서는 인간다운 삶의 원천이 되는 가치, 정서, 상징, 의식에 대한
구체적 실증의 영역을 바르게 살펴보아야 할 것이다

늘날 조직체 안에서 원만한 인간 관계의 정립은 곧 현대적 기업 조직의 중추적 역할을 낳게 하는 힘의 원천이다.

따라서 이러한 인간 관계의 올바른 정립을 위해서 해야 할 일은 현대적 정신 체계 안에서의 변화된 인간관의 이해이다. 그리고 그것은 인간관에서 비롯된 삶의 양식의 수평적인 의미, 즉 사회 안에 존재하는 나에 대한 인식과 수직적인 생명 원천에 대한 나의 인식이다.

그리고 그것의 발전적 단계로 더 나은 인간다운 삶의 목표에 대한 설정과 그 전개 과정에 대한 해독의 논리를 개발하는 일이다. 이를 위한 단계적 과정을 살펴보면 다음과 같다.

첫째, '나'라는 존재와 나를 둘러싸고 있는 인간과의 관계에서 '나

는 누구냐' 하는 문제의 해결이다.

흔히들 신세대와 기성세대들간의 세대 격차를 말하곤 하지만 이들 기성세대와 신세대가 하나의 조직체 안에서 어떤 동질성을 확보할 수 있느냐 하는 문제는, 다름 아닌 개체적 삶의 동질성에서 비롯된 공동체적 삶의 인식을 가지는 데 있는 것이다. 그러므로 개체적 존재에 대한 자아 확인 과정이야말로 중요한 인간 관계 정립의 기초가 된다.

둘째는 더 나은 삶에 대한 욕구의 창출이다.

인간과 인간 사이에 놓인 마찰의 원인은 편향된 체험의 울타리에 갇혀, 마치 지나온 세월이 전부인 양 생각하는 사고의 경직에서 일어나는 것이다. 예를 들어 '지금까지 이렇게 해 오는 동안 별 문제가 없었는데.' 하는 안이성이 창조의 장애가 되듯이 체험과 습득된 지식이 주는 한계 안에 매달려서 인간에 대한 이해의 폭을 좁힘으로서 조직체 안 뿐만 아니라 가족 성원간에도 장벽이 생기게 되는 것이다. 이를 벗어나기 위해서는 더 나은 것이 무엇인가에 대한 창조적 비판 정신이 필요하며, 생명체인 인간으로 태어났다는 것이 주는 문화적 발전과 함께 할 수 있는 자질의 함양이 필요한 것이다.

셋째로 변화의 욕구이다.

하향 변화와 수평 변화, 그리고 상승 변화의 세 갈래로 나눌 수 있는 인간의 삶에 대한 질의 양식을 정확하게 파악하고 지도자로서 어떤 삶의 상승적 변화를 가져올 수 있는 지향의 목표를 제시하느냐 하는 문제가 인간 관계에서는 중요한 틀이다.

흔히 누구를 만났더니 배울 것이 없더라 하는 말 속에 들어 있는 의미는 원만한 인간 관계의 유지에 해독이 되는 것이다. 특히 간부 사원이 지녀야 할 품격은 바로 변화를 상승적으로 촉발할 수 있게 하는 매개항이 되어 조직이 지니고자 하는 공동적 삶의 세계를 창출하는 데 적극적인 역할을 맡아야 하는 것이다.

그러므로 변화의 원형에 대한 이해와 그 전개 양상을 제대로 파악하는 일이 중요한 것이다.

이러한 세 가지 조건을 바탕으로 좋은 인간 관계를 지닐 수 있게 하기 위해서는 인간다운 삶의 원천이 되는 가치, 정서, 상징, 의식에 대한 구체적 실증의 영역을 바르게 살펴보아야 할 것이다.

이를 위해 가치가 주는 삶의 의미 부여, 정서가 주는 마음의 소통 방식, 상징이 주는 공동체적 생활의 소통, 의식이 주는 함께 산다는 것의 즐거움 등을 그 체계를 통해 이해해야 하는 것이다.

'참맛'의 비결

> 맛의 비결이 무엇이냐고 묻자 빙그레 웃으며, '바다에서 잡은 것을 그대로 볶았지요.' 하는 것이다. 말하자면 어떤 양념도 하지 않은 것이 그 맛의 비결이었다. 아무 것도 섞지 않는 담백성, 이 맛도 맛인 것만은 분명하다

어쩌다가 온 가족이 외식이라도 하려고 거리로 나서 보면 참으로 아득하기만 하다. 둘러보면 왕갈비, 아니면 해물탕 등등, 모두들 왜 그렇게 똑같은 음식만을 줄지어 팔고 있는지 갑갑하게 느껴진다.

그뿐만이 아니다. 언젠가 춘천에 가려고 경춘가도를 달리다 보니 동물 농장에 온 것 같았다. 꿩, 오리, 토종닭, 멧돼지, 보신탕 등 희한한 동물들의 이름이나 동물을 재료로 쓰는 메뉴를 붙여 놓은 음식점들이 줄줄이 서 있었다.

음식 문화가 발달하지 못한 것일까, 아니면 식성이 이상하게 바뀌어 이런 동물들의 요리를 좋아하게 된 탓일까, 알 수는 없지만 어떻든 개성 있는 음식이 정착되지 않은 탓인 것만은 틀림없어 보였다.

이런 시각에서 이탈리아에서 맛보았던 요리를 들어보면 대조적이라 할 수 있을 것이다. 20년 전이다. 한 겨울 친구와 로마에서 베니스로 자동차를 몰고 여행을 떠났다. 떠날 때부터 눈발이 쏟아져 내리고 있었다. 관광을 위해 나섰기에 눈오는 고속도로를 달리는 기분이 오히려 낭만적으로 느껴지기까지 했다. 운전을 맡은 친구는 이탈리아에서 6개월 가량 살았기 때문에 도로 표지판을 제대로 읽을 수 있었고, 또 몇 마디의 이태리어도 할 줄 알았지만 나는 한 마디도 하지 못하였다.

우리가 피렌체를 지나 베로나로 가고 있는데 갑자기 하늘이 무너진 듯 눈이 차의 앞 유리창을 가로막는 것이었다. 할 수 없이 고속도로에서 벗어나 잠시 쉬었다 가기로 했다. 마침 저녁 시간이라 출출하기도 해서 이름도 알지 못하는 조그마한 도시로 들어갔다.

마땅한 음식점을 찾으려고 두리번거리고 있는데 도시를 둘러싸고 있는 산꼭대기에 음식점 네온사인 간판이 반짝이고 있었다. 달려가 보니 멋진 레스토랑이었다. 잘 장식이 되어 있는 홀 구석에 넓은 아궁이를 가진 페치카 같은 것이 있었고, 그 속에 숯불을 피워 고기를 굽고 있었다.

그런데 주문을 하려고 하니 돼지고기 구이만 판다는 것이다. 친구가 돼지고기를 먹지 않는다고 해서 음식점을 나왔지만 나는 돼지고기 하나만을 어떻게 구워 파는지 궁금해서 메뉴판을 들고 나왔다. 친구가 더듬거리며 설명을 해주었는데 소스만 서른 가지 이상이 있어서 소스를 취향에 맞게 칠해서 구워 준다는 것이었다. 우리는 한번의 실패로 배가 고픈데도 불구하고 참으며 열심히 달려서 베니스에 도착했다.

호텔에 여정을 풀어 놓고 식당을 찾아 나섰다. 그러나 그날이 일요일인데다 열 시가 넘은 시각이라서 문을 연 식당은 보이지 않았다. 허기가 져서 걸어다닐 힘도 없을 무렵, 간신히 조그마한 식당 하나를 찾았다. 마침 주인이 문을 닫으려 하고 있었지만 친구가 통사정을 해서 겨우 자리에 앉을 수 있었다.

　그 친구는 메뉴판을 보더니 내가 알아들을 수 없는 이태리어로 무어라고 하며 주문하였고, 나는 멍청하게 메뉴판을 보았지만 알 수가 없어서 웨이터에게 엄지손가락을 펴 보이며 좋은 것으로 달라고 했다. 그러자 그는 한 가지를 찍었다. 나는 고개를 끄덕였다. 한참 후 요리가 나왔다.

　친구가 주문한 음식은 굴을 소금에 구운 것이라 너무 짜서 먹어 볼 재간이 없었다. 그런데 내 것은 꼴뚜기를 그대로 볶아 접시에 까만 먹물을 가득 부은 요리였다. 까만 먹물만 가득한 접시 가운데 꼴뚜기가 섬처럼 보였지만 너무 맛이 있었다. 결국 꼴뚜기로 배를 채웠다. 그 음식점을 나오면서 참 맛있었다고 주인에게 말하고 맛의 비결이 무엇이냐고 묻자 빙그레 웃으며, '바다에서 잡은 것을 그대로 볶았지요.' 하는 것이다. 말하자면 어떤 양념도 하지 않은 것이 그 맛의 비결이었다. 아무것도 섞지 않는 담백성, 이 맛도 맛인 것만은 분명하다. '걸쭉하게', '얼큰하게' 해서 무슨 맛인지도 모르게 만든 요리와는 달리.

젊음에 대한 욕구가 나이를 잊게 한다

젊음은 더 나은 인간으로 변화시키고자 하는 열정과 자라고자 하는 의욕이 살아 있음을 말하는 것이고 늙음은 그 순간에만 머물러 있음을 말하는 것이다

몇년 전부터 전철이나 버스를 타면 어린 학생들이 나에게, '할아버지, 여기 앉으세요.' 하고 자리를 내준다. 유난히 희어버린 머리가 할아버지로 보이게 하는 탓도 있겠지만 자리에 앉아 있어도 할아버지란 말이 낯설게 느껴지고, 가끔은 옛날 젊었을 때로 시간 여행을 떠나게 한다.

이럴 때면 나는 야릇한 생각의 오솔길로 빠져 들곤 한다. 젊다는 것과 늙었다는 것을 구분하는 경계는 무엇인가 하는 점이다.

물론 나이가 들어 육체가 노쇠해지면 틀림없이 노인이 된다. 그렇다고 단순히 나이가 젊어 육체가 강건하다는 것만으로 젊음인가 하는 물음에는 고개를 흔들게 된다. 이는 가만히 방안에 앉아 있어도 세월은 가게 마련인 것처럼, 인생이라는 것은 단순히 나이로만 삶의 의미가 드

러나는 것은 아니기 때문이다.

　아무것도 하는 일도 없이 빈둥거리며 세월을 보내고 뒤늦게, '내 나이가 얼마인데 왜 대접을 해주지 않느냐.'고 소리나 질러 봤자 어느 누구도 존경과 경외의 눈으로 쳐다보지는 않을 것이다. 이와 달리 나이는 얼마 되지 않았어도 열심히 일을 해서 무엇인가 조그마한 성취를 이루었다면 나이와 관계없이 존경의 대상이 될 것이다.

　그러기에 늙음과 젊음의 구분은 산술적 수치에 의한 나이로만 갈라 놓을 수 없는 것이다. 나는 이 경계를 더듬을 때면 떠오르는 일이 있다.

　내가 대학에 들어가고 얼마 되지 않았을 때였다. 갓 들어온 신입생들이라서 아직 서먹서먹해서 겨우 인사나 나눌 정도였다. 그러던 어느 날 강의를 마치고 교문을 나서는데, 단발머리를 한 같은 신입생인 여학생이 '여보세요.' 하고 나를 불러 세웠다. 나는 어리둥절해서 '나 말예요?' 하고 대답했다. 그러자 여학생은 나에게, '차나 함께 하시지 않겠어요?' 하는 것이었다.

　그 당시 남학생 사이에서도 처음 만나면 어색해서 서로 손을 내밀어 악수하기도 어설펐는데 이 여학생은 참으로 당돌하였다. 나는 머뭇거리다가 그녀의 뒤를 따라 다방으로 갔다. 그녀는 커피를 시켰고 나도 따라서 고개를 끄덕였다. 그녀는 커피가 테이블에 놓이자 어색해 하는 나를 빤히 쳐다보면서, 어느 고등학교를 나왔고 취미가 무엇이냐 형제가 많으냐에 이르기까지 수 없는 질문을 쏟아부었지만 나는 얌전한 모범생이 선생님 앞에서 대답하는 것처럼 응대하였다. 그리고 헤어질 때 그녀는 손을 내밀어 악수를 청하였는데 나는 나도 모르는 사이에 바지 뒤에다 손을 닦아 그녀의 손을 붙잡아 흔들고 헤어졌다.

집으로 오는 버스 안에서 그녀와 악수를 하며 잡았던 손을 몇 번이나 다시 보았고, 한동안 그 일만 생각하면 얼굴이 발갛게 달아오르곤 했다.

이 일은 내가 지니고 있던 여성에 대한 막연한 선입관을 깨뜨리게 하는 계기가 되었다. 항상 여성은 남성이 먼저 말을 걸어야 겨우 대답을 할 것이라든가, 여성이 큰소리치는 것은 교양이 부족해서라든가 하는 좁은 내 여성관이 허물어지는 출발점이 된 것이다.

그런데 여성과의 만남을 통해서 얻은 나의 교훈은 그 여성이 너무 개방적이고 남성적이라는 평가에 있는 것이 아니라 오히려 내가 지녔던 여성에 대한 좁은 시각이 바뀌어져야 한다는 점을 깨달았다는 사실이다.

이제 다시 젊음과 늙음의 구분으로 돌아와 보면 늙음은 자아의 변화에 대한 열정이 없어지고 겪어온 경험의 틀에 안주하여 살아가려는 자세가 특성이 되고, 젊음은 경험을 통하여 자아를 변화시켜 새로운 변화를 시도하고자 하는 자세를 가지는 것이 특성이라 할 수 있다.

그렇다. 젊음은 더 나은 인간으로 변화시키고자 하는 열정과 자라고자 하는 의욕이 살아있음을 말하는 것이고 늙음은 그 순간에만 머물러 있음을 말하는 것이다.

따라서 나이가 젊음을 말해 주는 것이 아니라, 성장하고자 하는 욕구와 열정을 통해서 스스로의 껍질을 벗어 던질 수 있는 힘과 용기가 참다운 젊음인 것이다.

내 나이가 얼만데

> 아버지는 삼촌이 심어 놓은 사과나무 생각이 나셨는지 나를 보시면서, '인간은 자신이 어떻게 살았는가 하는 것이 중요하지, 몇 년을 살았는가는 아무 의미도 없는 것이야.' 하고 혼잣말처럼 나에게 일러 주셨다.

밤 나무 숲에 갔다. 잠시 마른 풀밭에 앉아 있노라니 툭 하고 알밤 떨어지는 소리가 들렸다. 다시 귀를 곤두세우고 기다렸더니 뒤편에서 또 툭 하는 소리가 났다. 고개를 들어 밤나무 가지를 올려다보니 잘 익은 밤송이가 벙글어 알밤이 그대로 드러나 보였다. 주머니에 몇 알의 밤을 넣고 집으로 돌아와 서재에 앉아 매끈거리는 밤을 만지다가 한 친구의 얼굴을 떠올렸다.

몇 년 전이다. 한 친구가 우리 동네로 이사를 왔다. 그는 이사 오기 오래 전부터 새벽이면 전화를 해서 우리 동네 사정을 묻곤 했다. '시내까지 출근 시간은 얼마나 걸리느냐.'에서부터 심지어, '동네 쇼핑 센터는 어디가 좋으냐.'는 것에 이르기까지 시시콜콜 여러 가지를 물었다. 분당은 신도시라서 아직 여러가지 편의 시설이 부족하여 시내에 살다가 나오려니 여러 가지 답답한 점이 있을 것 같아서 묻겠거니 하면서 새벽 전화를 받아 주곤 했다.

그러던 그가 이사를 온 것이다. 이사를 왔다는 소식은 들었지만 바쁜 생활이라서 주말에나 찾아보기로 마음속에 담아 두고 있었다. 그런데 주말이 오기도 전 한밤중에 그가 우리 집에 먼저 찾아왔다. 그는 응접실에 앉자마자, '내 나이가 얼만데.' 하면서 새로 이사온 후 겪게 된 불편함을 털어놓고는 돌아갔다.

며칠 후 해질 무렵 그가 다시 왔다. 또 '내 나이가 얼만데, 출퇴근하느라고 아침저녁 차 안에서 몇 시간씩 고생을 해야 하는지.' 하면서 우리 동네에 살면서 겪게 된 불편함을 또 한번 털어놓고 갔다.

나는 그가 왔다 가고 나면 나도 모르는 사이에 '내 나이가 얼마인가.' 하는 생각을 하게 되었고, 이 생각의 홈을 타고 빠져들다 보면 흘러가는 세월에 대하여 아무 것도 준비하지 않은 헐벗은 내 자신을 발견하게 되어 씁쓸한 기분에 젖어 들었다.

지난 추석이었다. 그가 아침부터 찾아와서, 다시 '내 나이가 얼만데'를 앞세운 생활에 대한 불평을 늘어놓고 간 후, 나 역시 우울한 마음으로 앉아 있는데 차례를 지내고 가져온 음식들 속에서 붉은 사과가 눈에 띄었다.

그 사과를 보자 고향에 살던 삼촌 얼굴이 피어올랐다. 삼촌은 고향에서 서울로 중학교부터 6년간 혼자 자취를 하며 학교에 다니셨다. 워낙 어렵게 공부하느라고 추운 겨울에도 제대로 방에 불을 지피지 못하고 차가운 냉방에서 보내다가, 졸업할 즈음 열아홉 살의 나이에 폐결핵에 걸리고 말았다. 그 후 삼촌은 고향에 돌아가 투병 생활을 하다가 나이가 마흔이 넘도록 장가도 가 보지 못하고 세상을 떠나셨다.

아버지는 이런 삼촌을 생각해서 내가 어린 날부터 방학만 하면 꼭 고향으로 보내 삼촌과 놀고 오게 하셨다. 내가 고등학교에 입학한 겨울 방학 때 고향에 갔을 때였다. 흰 눈이 마당에 하얗게 내린 아침, 삼촌은 내가 자고 있는 방문 앞에서 나를 불렀다. '동규야, 나와 봐라.' 하셨다.

주섬주섬 옷을 입고 나갔다. 마당이 하얗게 눈에 덮여 있었다. 삼촌은 '고향집 마당에 눈이 쌓인 것을 보고 가야 서울하고 다른 고향이라는 기억이 있지.' 하시면서 온 동네를 한 바퀴 빙 돌자는 것이었다. 나는 삼촌 뒤에서 목을 움츠리고 따라 걸었다. 봄이면 버들강아지가 피는 동네 옆 개울에는 마른 풀잎 위에 눈이 얹혀 있었다.

삼촌은 '이 개울부터 우리 밭과 논이 시작하지.' 하시면서 손을 들어 부연 들판을 가리켰다. 나는 삼촌의 말에 '나도 알아.' 하였다. 삼촌은 언제나 내가 고향에 오면 이 얕은 개울가에서 손을 들어 우리 조상이 살아온 밭과 논이 어디인지를 꼭 일러주시곤 해서 잘 알고 있었다.

삼촌은 가던 걸음을 멈추시더니, '뭐가 달라진 것이 보이지 않니?' 하고 물었다. 내가 보기에 아무 것도 달라진 것이 없었다. 추수가 끝나고 텅 빈 들판에는 겨울이 차갑게 내려앉아 있을 뿐이었다. 삼촌은 조용히 내 두 볼을 잡더니 개울가로 고개를 돌려 주셨다. 그래도 나는 아무 것도 보지 못했다.

답답한 듯 삼촌은, '이놈아, 저 나무들 좀 봐라.' 하셨다. 그제야 개울 둑 아래 평평한 곳에 어린아이 키만한 앙상한 나무들이 줄을 서 있는 것이 보였다. 삼촌은 내 등에 손을 얹으시고는 '사과나무를 좀 심었지.' 하셨다. 나는 개울 둑 아래 가지런히, 마치 막대기를 꽂아 놓은 듯 여러 줄로 서 있는 앙상한 나무들이 삼촌이 한 해 동안 심은 사과나무인 것을 그제야 알게 되었다. 삼촌은 나에게 이 사과나무를 자랑하고 싶어서 일찌감치 나를 깨워 개울로 데리고 나왔던 것이다. 그날 밤 나는 삼촌에게, '사과나무가 얼마나 있어야 사과가 열리지?' 하고 물었다. 삼촌은 '5년은 기다려야 할 텐데, 잘 돌보면 3년이 지나서 달릴 수도 있겠지.' 하셨다.

그해 겨울을 고향에서 보내고 서울로 올라온 후 나는 입시 공부에 매달려야 한다는 핑계로 고향에 내려가지 못하였다. 대학에 입학하고 얼마 있지 않은 4월 어느 날 삼촌은 저 세상으로 가 버리셨다. 삼촌의 장례를 위해 아버지와 고향에 갔다. 아직도 덜 녹은 눈이 산골짝 응달진 곳에 남아 미끄러운 산길을 올라 삼촌을 묻어 놓고 내려오는 길이었다. 동네 어귀 개울가에 왔을 때 평평한 둑을 따라 열 지어 서 있는 사과나무들이 보였다. 아버지에게 '삼촌이 저걸 심어 놓았어요.' 하고 말씀드렸다. 아버지는 걸음을 멈추고 '그렇게 가 버릴 녀석이 사과나무까지 심어 놓은 걸 보니······' 하시며 말끝을 맺지 못하셨다.

며칠 후 서울행 기차를 타고 아버지와 나란히 앉았다. 아버지는 삼촌이 심어 놓은 사과나무 생각이 나셨는지 나를 보시면서, '인간은 자신이 어떻게 살았는가 하는 것이 중요하지, 몇 년을 살았는가는 아무 의미도 없는 것이야.' 하고 혼잣말처럼 나에게 일러 주셨다.

삼촌은 병든 몸으로도 어떻게 살아야 할지를 알고 계셨던 것이다.

친구가 다녀간 후 사과에서 피어난 삼촌의 얼굴을 보면서, '나이가 얼만데.' 하는 산술적 계산법만으로 삶의 길이를 재는 것보다는 어떻게 사는 것이 참다운 인생을 만들어 가는 것인가를 바라보는 질적인 계산법이 얼마나 가치 있는 것인가를 새삼 느끼는 것이다.

지금쯤 고향 개울가에는 사과가 주렁주렁 열려 있을 것이고, 동네 아이들은 사과 서리할 궁리로 머리를 맞대고 있을 것이다. 나이만 따지는 친구가 자연적 시간의 흐름을 뛰어넘는 나만의 기억 세계는 언제나 스스로 만들어 가는 데 있다는 점을 알아야. 내일부터라도 그 친구의 접두어 '내 나이가 얼만데.' 하는 허사를 버릴 것인데.

사회로 나아가는 젊은이들에게

> 젊은 날부터 그는 일종의 '일류병' 환자였다. 대학에 다닐 때 우리는
> 파카 만년필을 가지는 것이 꿈이었다. 그는 이런 파카 만년필을 몇 자루씩
> 안주머니에 넣고 다니면서 우리들에게 보여주곤 했다.

우리 주위에서 프랑스 혹은 이탈리아에서 건너온 옷은 어디가 달라도 다르고, 이런 옷을 입으면 남보다 더 멋있어 보인다는 허망한 고정 관념을 지닌 엉뚱한 여성을 흔히 볼 수 있다.

옷에서 우러나오는 멋은 입는 이와 옷과의 아름다운 조화에서 생겨나는 것이다. 따라서 옷이 아무리 좋아도 그 옷을 소화해 내지 못하는 이가 입으면 멋을 살릴 수 없고, 또 옷 자체가 얼마나 세련된 것인가에 대한 판별의 능력이 없으면 멋을 부릴 수 없는 것이다.

내 친구 중에 이런 이가 있다. 젊은 날부터 그는 일종의 '일류병' 환자였다. 대학에 다닐 때 우리는 파카 만년필을 가지는 것이 꿈이었다. 그는 이런 파카 만년필을 몇 자루씩 안주머니에 넣고 다니면서 우리들

에게 보여주곤 했다. 자취방에서 겨우 방세나 내며 연탄 살 돈이 없어서 친구들의 호주머니를 털어야 하는 참담한 가난 속에서도 그는 비싼 파카 만년필을 몇 자루씩 주머니에 넣고 있었던 것이다.

우리는 그런 그의 모습을 처음에는 딱하게만 생각했다. 오죽하면 남들은 비싼 점심을 사 먹으며 학교를 다니는데, 어려운 생활에서 연탄조차 제대로 사지 못하는 울분을 만년필로 보상받고자 할까 생각했다.

우리가 졸업을 앞두고 직장을 선택하게 되었을 때였다. 50년대 말이라서 함께 졸업하는 학과의 친구들 중에 직장을 잡아 사회로 나갈 수 있는 기회라는 것은 하늘의 별 따기만큼이나 어려웠다. 한 학과를 졸업하는 학생 중에서도 하나 아니면 둘 정도만 간신히 취직을 하게 되었고, 그런 행운을 잡은 학생을 다른 학생들은 부러운 눈으로 쳐다보곤 했다.

졸업을 앞둔 어느 날이었다. 교수님이 그를 불렀다. 어느 고등학교에서 선생님을 구해 달라는 요청을 받고 교수님이 그의 딱한 형편을 아시고 성적이 좋은 다른 학생을 젖혀 두고 그 학생을 추천키로 했던 것이다. 우리는 부러운 눈으로 교수실로 불려 가는 그를 보았다.

한참 후에 교수님과 면담을 하고 나온 그는 '변두리에 있는 조그마한 사립 학교라서 가지 않겠다고 했다.' 는 것이었다. 우리는 깜짝 놀랐다. 학교라는 곳은 큰 차이가 있는 것도 아니고, 더욱이 변두리에 있다고 가지 않는다는 것이 이해가 되지 않았다. 결국 그는 '변두리 학교'에 가지 않았고 다른 친구가 그 대신 갔다.

그후 그는 몇 군데 더 자리가 났지만 일류가 아니라서 가지 않았다. 내가 졸업을 하고 다시 그를 본 것은 15년이나 지난 어느 여름날이었다. 시청 앞을 지나는데 누가 내 소매를 잡았다. 돌아보니 그였다. 역시 좋은 양복을 입고 구두도 반짝거리게 닦아 신고 있었다. 그는 대뜸 '차나 한잔하자' 면서 다방에 데리고 갔다.

내가 어디 다니느냐고 하자 그는, '시시한 학교에 갈 수가 있니. 방향을 바꿔 일류 기업에 들어갔지.' 하는 것이었다. 나는 그의 체질로 보아 잘된 일이라 생각하고 자리에서 일어나자 그는 다시, '점심이나 먹지.' 하더니 비싼 일식집에 데리고 가서 점심을 사주었다.

그와 헤어진 후 다시 그의 소식을 들은 것은 몇 년 전이었다. 동창들 모임에도 얼굴을 내놓지 않아서 그를 잊고 지냈는데 한 친구가 모임에서, '점심과 차'를 등산 갔다가 산에서 만났다는 이야기를 하는 것이었다. 나는 '점심과 차'라는 별명을 가진 이가 누구인가 하고 묻자, 친구들은 아직도 모르느냐는 표정으로 나를 바라보며 일류를 좋아하는 그 친구의 별명이라고 말했다.

결국 알게 된 것은 그가 친구를 길에서 만나면 아침이든 저녁이든 관계없이 먼저 차를 마시자 하고 다시 점심을 함께 하자고 하면서 굳이 돈은 그가 낸다는 것이었다. 많은 친구들이 그의 이 버릇을 알게 되어 별명이 '점심과 차'가 된 것이었다.

나는 그가 일류 기업에 다닌다고 했던 기억이 나서, 그가 그런 직위에 있으니까 친구들에게 선심을 베푸는 것이 아니냐고 하자 친구들은 껄껄 웃는 것이었다. 일류 기업에 들어가서 몇 년이 안 되어 층층으로 막혀 버린 조직 구조 때문에 더 자랄 수 없다고 하면서 뛰쳐나온 후 20년이 넘게 무직으로 살아가고 있다는 것이었다.

그의 부인이 조그마한 동네 미장원을 해서 번 돈으로 아들을 대학까지 보내고 있는데, 그는 부인에게 용돈 얼마를 얻어 밖으로 나와 친구나 아는 이를 만나면 '점심과 차'를 사고 있다는 것이다. 아직도 친구는 미장원 하는 아내에게 몇 푼의 용돈을 얻어 친구를 만나면 '점심과 차'를 대접하고 일류 회사에 다닌 그 짧은 순간의 이야기를 큰 경력으로 삼고 살아가고 있는 소식을 듣고 있다.

특별히 그 친구의 기억을 살려낸 것은 다름이 아니다. 이제 대학을 졸업하고 새로운 직장을 찾아 나서는 이들을 위해서 몇 가지 조언을 하고자 하는 생각 때문이다.

첫째, 직장에 대한 세속적 명성이 주는 허상을 버려야 한다는 점이다. 일류 회사에 다니는 것이 중요한 것이 아니라 내가 일류 사원이 되는 것이 중요한 일이다. 아무리 일류 회사에 다녀도 그 조직 안에서 쓸모 없는 사람이 되어 밀려다닌다면 남들은 좋은 회사에 다닌다고 우러러볼지 모르지만, 스스로는 조직체에 매달려 살아가는 서러운 존재인 것을 부정할 수 없는 것이다.

둘째는 체면에 매달려 다른 친구들은 저런 곳에 다니는데 내가 이런 곳을 선택할 수는 없는 것이 아닌가 하는, 남들과 대비시켜 선택하는 경우는 없어야 할 것이다. 직장에서 살아가야 하는 이는 다른 사람이 아니라 나 자신이기에 내 꿈을 펼쳐 나가는 데 어느 곳이 더 나에게 도움이 되고 어떤 집단의 성격이 나와 잘 어울리는가에 대한 판별의 눈이 있어야 할 것이다.

셋째는 내가 하고자 하는 것이 어떤 것인가에 대한 확고한 방향성이 있어야 할 것이다. 세칭 일류라는 회사에 가서 보조적인 자리에 앉아 있기보다는 중간급에 가서 내가 가진 지혜와 능력을 발휘해서 더 높은 곳으로 회사를 이끌어 갈 수 있다면, 일류의 꼴찌보다 더 보람찬 일이라는 것은 쉽게 알 수 있을 것이다.

'내가 어떤 대학을 나왔는데 시시하게 그런 회사에 갈 수 있겠어.' 하는 막연한 자존심은 인생의 앞날을 개척해 나가고자 하는 열정보다는 대학이 준 명예의 그늘에 안주하려는 나약함이 자리하고 있지나 않는지 살펴보아야 할 것이다.

세상은 내 힘으로 열어 가야 하는 것이다. 아침 이슬이 매달린 풀잎을 헤치며 산에 오르는 기쁨을 모르는 이는 남이 다닌 길만 밟고 따라가는 이가 되지 않겠는가. 체면, 허세, 세속적 선망이라는 가시덤불을 헤치고 내가 자랄 수 있는 옥토에 나를 썩게 하는 용기를 가져야 할 것이다.

버르장머리 없는 아이들

> 이 아이는 다른 아이들과는 달리 윗동네 판잣집에 살고 있는 아이였다.
> 막내는 '걔네 엄마가 남들이 못 산다고 깔보게 되는 것은 사람답지 않은
> 행동을 할때와 인사를 제대로 하지 않을 때라고 하시면서
> 꼭 인사를 잘 하라고 일러 주셨대요.' 하는 것이었다.

일요일이라서 한가한 마음으로 공원에 나갔다가 집으로 들어오려고 아파트 엘리베이터 앞에 섰다. 거기에는 유치원에 다닐 만한 어린아이가 내 앞에서 엘리베이터가 내려오기를 기다리고 있었다. 엘리베이터가 내려와 문이 열리고 나와 어린아이가 탔다.

그때였다. 저쪽 현관문 밖에서 자전거를 몰고 초등학교 1학년쯤 되어 보이는 아이가 엘리베이터를 향해 소리를 질렀다. '어이.' 하는 소리였다. 어린아이가 얼른 문을 여는 버튼을 눌렀고 큰 아이가 자전거를 끌고 엘리베이터 안으로 들어왔다. 그러더니 그 아이는 다시 문이 열리는 버튼을 계속 누르고 현관 밖 저쪽을 향해 친구인 듯한 아이의 이름을 불렀다.

몇 번을 불러도 큰 아이의 친구는 얼굴을 내밀지 않았다. 큰 아이는 계속 버튼을 누르며 소리를 질러댔다. 나는 큰 아이에게 '이제 올라가자.' 하고 말했다. 그러나 큰 아이는 내 얼굴은 쳐다보지도 않고 계속 밖을 향해서 친구의 이름을 부르는 것이었다.

한참을 참고 있다가 다시, '엘리베이터를 탔으니 나는 올라가야 하잖아.' 하고 말했다. 그러나 역시 큰 아이는 못 들은 체하면서 계속 버튼을 누른 채 밖을 향해서 소리를 질렀다.

나는 더 이상 견디지 못하고 '혼자 타는 엘리베이터가 아니잖아.' 하고 버튼을 누르고 있는 큰 아이의 손을 잡아챘다. 큰 아이는 자기 집이 있는 층에 엘리베이터가 서자 자전거를 끌고 내리면서, 고개 한번 돌리지 않고 마치 재수 없이 엉뚱한 사람을 만나 기분을 잡쳤다는 얼굴을 하고 있었다. 엘리베이터 문이 닫히고 다시 위로 올라가게 되었을 때 같이 탄 어린아이가 나를 보면서, '저 형은요, 애들하고 놀때도요, 자기 마음대로만 해요.' 하는 것이었다.

아파트의 같은 줄이라서 아침저녁 이웃으로 함께 살고 있기 때문에 어린아이들의 조그마한 부주의쯤은 귀엽기만 한 것이지만, 예의 없이 행동하는 이런 아이를 만나면 정말 어찌해야 할지 모를 정도로 당황하게 되는 것이다.

나는 책상 앞에 앉아서 그 아이의 행동을 곰곰이 생각해 보았다. 무엇이 그 아이를 이렇게 만들었을까.

내가 대학 시절 한강 가 원효로에 살 때였다. 우리 동네 뒤편은 산으로 둘러싸여 있었고 산꼭대기에는 성당이 우뚝 서 있었다. 지금 성당은 그대로지만 주변은 변해서 아파트들이 가득 들어서서 높은 지대의 주택가일 뿐이다. 언덕빼기 가득 상자처럼 덕지덕지 붙어 있던 판잣집들은 이제 찾아볼 수 없게 되었다.

막내가 초등학교에 다니고 있을 때 우리 집에는 늘 아이들이 바글거렸다. 학교에 갔다가 와 보면 막내 친구들이 온 집안을 어지럽혀 놓곤 했다. 일본식 이층 목조 가옥인데다가 마당도 꽤나 넓어서 아이들이 놀기에 안성맞춤이었던 탓도 있었다.

가끔 내 방까지 어질러 놓으면 나는 어린것들을 한 줄로 세우고 야단을 치곤 했다. 그런데 한 아이가 내 눈에 띄었다.

이상하리만큼 옷도 깨끗하게 빨아 입었는데 다른 아이들처럼 손에 때가 묻어 있지도 않았다. 더욱이 이 아이는 인사성이 유별나게 밝았다.

아이들끼리 놀다가 내가 들어서면 모두들 건성으로, '오셨어요?' 하고 큰소리로 인사를 하고는 다시 놀이를 계속하는 것이 보통이었다. 그런데 이 아이만은 벌떡 일어나서 깎듯이 고개를 깊이 숙이고 절을 하고서야 아이들 틈에 끼어 앉는 것이었다.

어쩌다가 내가 바쁜 걸음으로 급하게 현관으로 들어가 버리면 이 아이는 현관까지 따라 와서 인사를 하곤 했다.

하도 특이하게 보여서 어느 날 막내 동생에게 이 아이에 대해서 물어 보았다. 이 아이는 다른 아이들과는 달리 윗동네 판잣집에 살고 있는 아이였다. 막내는 '걔네 엄마가 남들이 못 산다고 깔보게 되는 것은 사람답지 않은 행동을 할 때와 인사를 제대로 하지 않을 때라고 하시면서 꼭 인사를 잘 하라고 일러 주셨대요.' 하는 것이었다.

나는 그제야 이 아이가 항상 깨끗한 옷을 입고 착하게 인사를 잘 하는 이유를 알 수 있었다. 남보다 살림이 어렵다는 것으로 해서 어린것들이 소외당할까봐 아이의 어머니는 예의 있고 깨끗한 아이로 키웠던 것이다.

  그러나 오늘날 돈이 조금 있다고 하면, 아이들이 원하는 대로 무엇이나 해 주는 것이 최상인 줄 알고 살아가는 이들은 아이들에게 기본적인 예의조차 가르치지 않아서 인간 사회에서 소외당하는 삶을 살 수밖에 없는 내일을 만들어 주고 있는 것이나 아닌지 살펴라도 보아야 할 것이다.

이 아이만은 벌떡 일어나서 깎듯이 고개를 깊이 숙이고 절을 하고서야 아이들 틈에 끼어 앉는 것이었다.
어쩌다가 내가 바쁜 걸음으로 급하게 현관으로 들어가 버리면 이 아이는 현관까지 따라 와서 인사를 하곤 했다.

버르장머리 없는 아이들

오월의 꽃처럼 살아볼까

> 우리 현실에서는 정말 횡단보도에서 법규대로 서 있다가 신호등이 바뀌면
> 출발하고, 끼어 드는 차에게 일일이 양보해 주고 간다면
> 영업하는 택시가 돈을 제대로 벌 수 있을지 의심스럽다.

며칠 사이에 나뭇잎들이 초록의 싱싱한 색깔로 변해 버렸다. 도시의 매연에 덮여 죽은 듯이 움츠리고 있던 마른 가지에 초록의 새싹이 돋아 나와 온 세상을 전혀 다른 빛깔로 바꿔 놓았다.

이제 얼마 기다리지 않아서 모란은 큰 꽃잎을 펼쳐 보일 것이다.

이와같이 시간은 순리에 따라 겨울에서 봄으로 변하고, 그리고 각각 거기에 알맞은 삶의 자세로 자연은 바뀌어가는데, 왜 인간은 순리의 변화가 주는 자연스러움을 알지 못하고 역행의 고행을 하게 되는 것인지 알 수가 없다.

성실하게 일해서 번 돈으로 차근차근 살다 보면 잘 살 수 있는 날이 다가올 텐데, 좀더 빨리, 남보다 좀더 많이 가지려고 하는 욕심으로 해

서 무리한 짓을 저지르다 엎어지거나 남을 해치는 일을 하게 되거나 하는 경우를 종종 볼 수 있다.

어느 날 오후 택시를 탔더니 운전기사가 영 기분이 좋아 보이지 않았다. 신호 대기에 택시가 설 때마다 투덜거렸고, 쓸데없이 어느 정치가를 비난하곤 했다.

뒷자리에 앉아 있기가 두려울 정도로 난폭하게 운전을 해대는 바람에 나 역시 기분이 상해 있었다. 꾹 참고 가다가 결국, '오늘 기분 나쁜 일이 있었어요?' 하고 물었다. 그러자 운전기사는 퉁명스런 소리로, '조금 전에 경찰에게 딱지를 뗐지 뭡니까. 오늘 하루 벌어서 벌금 내고 나면 남는 것이 없게 되었지요.' 하는 것이었다. 그는 못내 딱지 뗀 것이 억울한지, 벌금이 왜 인상이 되었는지 알 수 없다는 이야기로부터 오늘의 정치가 엉망이라는 현실 비판의 이야기를, 내가 내릴 때까지 끝없이 해대는 것이었다.

택시에서 내려 집으로 걸어가면서 운전기사의 이야기를 다시 생각해 보았다. 하루종일 기분이 좋지 않은 채 거리를 다니다가 더 큰 일을 당하면 어쩌나 하는 걱정도 되었지만, 운전기사 자신이 왜 이런 기분이 되었는가 하는 점을 모르고 있지 않나 하는 생각이 들었다.

물이 높은 곳에서 낮은 곳으로 흐르는 것과 같이, 일의 순서가 원인과 결과라는 선명한 길로 엮어져 있다는 사실을 조금만 생각해 보면 투덜거릴 일만은 아니라는 것을 쉽게 알 수 있는 것이다.

교통 위반을 하지 않았으면 딱지를 떼지 않았을 것이고, 딱지를 떼지 않았으면 기분이 나쁠 이유가 없었을 것이다. 만약 내가 운전기사에게 이와 같이 당연한 원인과 결과를 제시하며 기분 나빠 할 것이 무엇이 있느냐고 물었다면 그는 틀림없이, '누가 그걸 몰라서 그런대요?' 하고 대답하였을 것이다.

그러면서 그는, '택시를 모는 사람이 교통 규칙 다 지키고 어떻게 회사에 사납금 넣고 하루 일당을 벌 수 있겠어요.' 하고 항변을 하거나, '거리에 다니는 차 중에 교통 규칙을 위반하지 않고 다니는 차가 있으면 나와 보라고 해요!' 하고 소리칠지도 모른다.

운전기사의 이런 항변이 틀렸다고 생각하지는 않는다. 우리 현실에서는 정말 횡단보도에서 법규대로 서 있다가 신호등이 바뀌면 출발하고, 끼어 드는 차에게 일일이 양보해 주고 간다면 영업하는 택시가 돈을 제대로 벌 수 있을지 의심스럽다.

또 나 역시 왜 벌금이 몇백 퍼센트씩 뛰었는지 합리적인 이유를 모르겠다. 가전제품은 몇 퍼센트 뛰기만 하면 세무 조사니 뭐니 해서 관권으로 붙잡아 매려고 하면서 벌금만은 예외가 되어야 하는지. 물론 벌금을 몇백 퍼센트 올려도 법을 지키는 사람에게는 아무 부담이 되지 않는 것이므로 벌금을 내기 억울하면 지키면 되지 않느냐고 말할지 모른다. 그렇지만 이 현실이 법을 지킬 수 있게 된 교통 여건인가에 대해서도 살펴보아야 하지 않겠는가.

그러면서도 운전기사의 투덜거림에 동조하지 못하는 것은, 운전기사가 재수가 없어서 딱지를 떼었지만 분명한 것은 잘못을 저질렀다는 점이다. 그리고 잘못을 저질렀으면 조심하면 그만이다.

잘못을 거울삼아 조금 더 조심하면서 차를 몰면 딱지를 뗄 확률이 훨씬 줄어들 것이고, 또 이런 일이 생겼어도 스스로 자제하여 하루의 일과를 스스로 망치는 것을 막음으로서 나쁜 일의 고리가 다음으로 연결되는 것을 방지 할 수 있을 것이다. 우리 생활이 아무리 각박하고 어렵더라도 순리대로 살자.

훌륭하게 살아가기를 기원하는 마음

'동규가 등록금이 어찌 되었는가 묻지 않는 것을 보니 다 컸어.
애비 얼굴도 보지 않으려 하잖아.' 하고 어머니께 말씀하시는 것이었다.
그러자 어머니는, '어릴 때부터 내가 채소라도 만지면 내 손을 잡고
엄마 힘들지 하고 묻는 아들이었지요.' 하는 것이었다.

딸의 마지막 등록금을 마련해서 밤이 깊어 집에 들어갔을 때였다. 이번만 내면 졸업이었다. 나는 기분이 좋아서 딸을 불러 놓고 큰소리로, '이제 이게 마지막 등록금이지.' 하고 돈을 건넸다. 딸은 내 손에서 건네진 돈을 받아 들더니 갑자기 눈물을 뚝뚝 흘리며, '아버지, 힘드셨지요?' 하고 우는 것이 아닌가. 나는 흑흑 흐느끼는 딸의 등을 두들겨 주며, '울긴. 아버지는 네 등록금 마련하는 것도 즐거움이었어.' 하였다. 철없던 어린 딸이 이렇게 컸나 하는 반가움에 가슴이 미어지는 것 같았다.

나는 딸에게 나의 고생을 알아 달라고 하지 않았다. 오히려 내가 고생한 것을 잊어 달라고 말하고 싶었다. 나도 그런 시절을 겪었기 때문이다.

나는 딸에게 나의 고생을 알아 달라고 하지 않았다.

오히려 내가 고생한 것을 잊어 달라고 말하고 싶었다.

나도 그런 시절을 겪었기 때문이다.

내가 대학원에 진학을 하게 되어 등록금 낼 날이 다 되었는데도 아버지는 아무 말씀도 없으셨다. 집안 형편을 잘 아는 나는 아침 식탁에 가족이 둘러앉을 때면 아버지의 안색을 살피는 것이 고작이었다.

등록 마감일을 하루 앞둔 날 밤, 나는 친구들과 어울리다가 밤이 깊어서 집에 갔다. 아버지가 마당을 가로질러 나와 대문을 열어 주시면서, '친구들과 잘 지냈느냐.'고 물으셨다. 나는 늦은 것만 죄송해서 짧게, '네.' 하고 내 방으로 갔다. 잠이 오지 않아 뒤척이다가 아래층 부엌으로 갔다. 차라도 끓여 마시려고 했다.

계단을 내려가다 보니 아버지 서재에서 목소리가 새어 나왔다. '동규가 등록금이 어찌 되었는가 묻지 않는 것을 보니 다 컸어. 애비 얼굴도 보지 않으려 하잖아.' 하고 어머니께 말씀하시는 것이었다. 그러자 어머니는, '어릴 때부터 내가 채소라도 만지면 내 손을 잡고 엄마 힘들지 하고 묻는 아들이었지요.' 하는 것이었다.

나는 이층 내 방으로 돌아와 혼자 울었다. 크면서는 어머니 손을 잡아 준 적이 기억에 없었기 때문이다.

새롭게 직장에 들어가 얌전하게 앉아 있는 신입 사원이라면, 집에 계신 부모는 아들이 돈 몇 푼 벌어 오는 것을 기다리고 있는 것이 아니라, 훌륭한 삶을 살아가는 자식을 바라보고 싶어한다는 것을 출발의 의미로 새겨 놓아야 할 것이다.

화제의 선택과 인격

> 어젯밤에 마신 술로 아직도 입에서 술 냄새나 풀풀 풍기면서,
> '어제 만났던 그 술집 아가씨가 참 좋았어.' 하고 마치 영웅이나
> 되는 듯이 말하고 있으면 곁에 있는 이가 일을 하고 싶겠는가.

직장에서 매일 같은 동료들을 만나다 보면 만나는 이의 취향이나 성격, 심지어 교양의 정도까지 환하게 알 수 있게 된다.

얼마 전 함께 공동으로 할 일이 생겨 열흘 가량 비슷한 나이의 사람들이 모여 합숙을 하게 되었다. 아침 식탁에 둘러앉으면 누가 그날의 중심이 되는 화제를 풀어놓는 것은 자연스러운 일상이었다. 함께 생활하기 때문에 별다른 일이 있을 리가 없어서인지 화제의 중심은 대부분 조간신문에 나온 톱뉴스가 되기 일쑤였다.

그런데 나는 이 톱뉴스가 밝고 명랑한 주제가 되지 못하고 어둡고 우울한 내용뿐인 것을 며칠이 지나자 느끼게 되었다. 그러다 보니 아침부터 우울하고 어두운 이야기만 함으로써 일의 출발부터 힘이 나는 것

이 아니라 짜증이 가득 찬 마음으로 첫 출발을 하게 되는 것을 깨닫게 되었다. 옛날 통근 버스를 타고 학교에 출근할 때의 일이 떠올랐다.

　삼십대 중반의 나는 불암산 자락에 있는 서울공대에 강의를 맡아 나갔었다. 집이 원효로에 있어서 남영동에서 아침 일곱 시경에 통근 버스를 타야 두 시간 가까이 달려 아홉 시에 시작되는 강의 시간에 맞출 수 있었다. 버스에 올라 자리에 앉아 얼마 가면 나이가 좀 든 교수 한 분이 탔다. 이 분은 아침마다 손에 '타임'이나 '뉴스위크' 등의 주간지를 들고 올라왔다. 그리고 큰소리로 옆자리에 앉은 이에게 잡지에 들어 있는 미국 이야기를 펼쳤다. 간간이 자신이 미국에 살 때의 사정을 들어가면서 마치 세계 뉴스를 해설하듯이 이야기하였다.

　그러다가 한 30분쯤 가면 또 한 교수가 탔다. 그 분은 언제나 조간신문을 손에 들고 탔다. 그 분은 나이 많은 이를 위해 비워 둔 앞자리에 앉자마자 곧 몸을 뒤로 돌리고는 마치 선거 연설을 하는 이처럼 목청을 돋구어 가면서 그날 조간신문의 톱뉴스를 들춰내어 이야기를 펼쳤다.

　나는 몇 개월이 지나자 통근 버스를 탄다는 것이 차츰 고통으로 느껴지기 시작했다. 이 고통은 쓸데없는 세계 정세를 아침마다 들어야 하고, 이미 읽은 조간신문의 내용을 개인적인 시각으로 다시 재생해서 만든 이야기를 들어야 한다는 게 싫증을 느끼는 정도가 아니라 고통으로 느껴지는 것이었다. 그뿐만 아니었다. 불만에 가득 찬 현실의 이야기를 듣고 강의실에 들어설 때면 나도 모르는 사이에 현실의 불만스러운 이야기가 내 강의 속에 스며들어감을 볼 수 있었다.

　나는 할 수 없어서 아침마다 집을 나설 때 시집을 하나 골라 들거나 소설책을 들고 나왔다. 그러다가 어느 날 누가 바둑을 권해서 바둑책을 손에 들고 출근하기 시작했다. 나는 아침마다 세상 이야기가 듣기 싫어서 바둑책에 몰두했고 그 덕에 책으로 배운 바둑이 7급이 되었다.

젊은 날의 이 추억을 잊지 않는 것은 발화자(發話者)의 자리라는 문제가 세상을 살아가는 데 얼마나 중요한가를 알기 때문이다.

직장의 문을 열고 들어서서 서로 인사를 주고받은 다음, 첫 말을 무엇을 꺼내는가가 하루의 일과를 대하는 첫 마음가짐을 만드는 데 큰 영향을 미치는 것이다. 내가 밝고 아름다운 이야기로 즐거움을 가져오는 화제를 선택해서 동료들을 기쁜 마음으로 일하게 하고 있는 것인가를 항상 살펴보아야 할 것이다.

어젯밤에 마신 술로 아직도 입에서 술냄새나 풀풀 풍기면서, '어제 만났던 그 술집 아가씨가 참 좋았어.' 하고 마치 영웅이나 되는 듯이 말하고 있으면 곁에 있는 이가 일을 하고 싶겠는가.

저녁에 집에 돌아가서도 마찬가지이다.

온 가족이 모여 앉아 있어도, 어디서 싸우다 온 이처럼 굳은 얼굴로 아무 말도 하지 않고 있으면 가족들은 집주인의 얼굴 표정처럼 분위기가 굳어지고, 우리를 살게 해 주는 아버지가 무슨 일이라도 있나 해서 걱정스러운 얼굴이 되고 말 것이다. 이러한 사정을 알면서도 궁핍한 화제로 해서 일상의 세계에 갇혀진 일만 화제로 선택한다면 산다는 즐거움은 찾기 어렵다고 할 수 있다.

내가 어떤 화제를 선택하여 다른 이의 마음을 밝게 할 수 있는가 하는 문제는, 손을 내밀어 남을 도와주는 것과 같다. 따라서 이것은 더불어 함께 사는 지혜를 지닌 이의 사랑 베풂임을 알아야 할 것이다.

기업인 아내의 역할

> 기업인의 아내는 스스로의 삶에 대한 인식의 논리 체계를 개발하는
> 일이야말로 변동하는 세계에 대응하는
> 주체적 삶의 인식을 생성할 수 있게 하는 힘이 되는 것이다.

부부 생활은 공동체적 삶의 지향성에 의해서 발전한다. 그리고 이 발전적인 삶에 대한 의지가 가정 안에 머물지 않고 사회적인 확산의 형태를 갖추게 될 때 비로소 가정과 사회가 유기적으로 관련된 인간으로서의 이상적 생활을 영위하게 된다.

따라서 오늘과 같이 정밀하고 기능적인 사회 구조 안에서 기업인의 아내가 가져야 할 자질의 중심은, 가정의 한정된 영역을 벗어나 좀더 본질적인 자아 확인의 과정을 거쳐 독립된 존재 인식도 확고한 정신적 체계로서 사회에 대응하는 논리에 대한 개발이 있어야 한다.

그러기 위하여 필요한 첫째 요건은 자아에 대한 각성이다.

사회 계층 속에서 스스로 어떤 층위에 속한 삶을 영위하고 있는가에

대한 명백한 확인은 삶의 보편성에 뿌리하고 있는 자아의 실체를 발견하게 하고 이를 통해서 상층 지향의 삶으로 이행해 가는 욕망을 충족시킬 수 있다.

이와 함께 스스로가 삶의 주인이 되는 개체적 삶에 대한 인식이 있어야 한다. 즉 자아의 존재에 대한 역사성의 확보야말로 수직적 생명의 원천을 바탕으로, 내가 살아보고 싶어하는 삶이라는 개별적 생존 목표를 달성할 수 있는 것이다.

둘째로 해야 할 일은 자아에 대한 생활의 지향에 대한 논리 체계를 설정하여 실천하는 일이다.

인간의 삶을 인간답게 하는 기준은 더 나은 것에 대한 욕망의 산출이다. 좀더 나은 것에 대한 선택의 장치야말로 인간의 삶에 대한 질을 결정하는 요소다.

따라서 이 선택과 목표의 설정을 위해서 부단하게 문화의 본질과 접촉하는 방식을 가져야 하며, 스스로의 삶을 더 나은 세계로 움직여 갈 수 있는 지배 논리를 개발해야 하는 것이다.

이 두 가지 요건을 충족함으로써 자아의 삶에 대한 인식의 틀을 발현할 수 있는 것이다.

결론적으로 말하자면, 기업인의 아내는 스스로의 삶에 대한 인식의 논리 체계를 개발하는 일이야말로 오늘을 살아가는 기업인의 아내로서, 혹은 여성으로서 확고한 자의식의 정립을 가져오게 하며, 변동하는 세계에 대응하는 주체적 삶의 인식을 생성할 수 있게 하는 힘이 되는 것이다.

잘 살아보려고 하는 일들

무슨 일을 해도 돈은 벌 수가 있다.
그러기에 창녀도 돈을 번다.
그러나 하지 않아야 할 일이 있고, 할 수 있는 일이 있다.

가을 학기가 시작된 어느날 맥주집에 갔다. 제자들과 어울려 가을 학기 개강 파티를 하기 위해서였다. 맥주집은 조용했고, 우리 일행 다섯은 둥글게 앉았다. 새 학기를 맞아 만나지 못했던 동안 있었던 일들을 화제 삼아 이야기꽃을 피우고 있을 때였다. 조금 떨어진 자리에 사십대로 보이는 남자와 넥타이를 단정하게 맨 젊은이가 마주앉아 생맥주 잔을 앞에 놓고 있었다. 시간이 조금 지나자 사십대 남자의 목소리가 점점 커지기 시작해서 우리 자리까지 들려 오기 시작했다. 이들의 이야기는 직장 생활에 관한 것이었다. 새로 입사한 젊은이에게 사십대의 과장이 직장 생활의 체험을 일러주는 충고와 조언이 대부분이었다.

사십대 남자의 목소리가 워낙 커서 조금 떨어진 자리에 앉아 있는데도 불구하고 우리들의 대화를 방해할 정도라서 점점 귀에 거슬렸다. 그러다 자연스럽게 사십대의 과장이 지금 무슨 말을 하고 있는가에 대해 관심이 끌리기 시작하였다. 그는 말을 시작할 때마다 유별나게 접두어처럼 '돈 벌러 회사에 왔으니까.' 하였다.

나는 제자들과 함께 어울려 앉아 옆자리의 사십대 남자가 내뱉는, '돈 벌러 회사에 왔으니까.' 하는 소리를 들을 때마다 무엇인가 알 수 없는 거부감이 가슴에 차오르기 시작하였고, 결국 그 집에서 나와 다른 맥주집으로 옮겨갔다. 제자들은 내가 시끄러워서 다른 곳으로 옮겨가자고 한 것으로 알고 있었다.

그날 밤 집으로 돌아와서도 그 사십대 남자의 말이 내 귀에서 떠나지 않고 있었다. 월급을 받고 회사에 다닌다는 것은 너무 당연한 것인데도 나에게는 그 말이 몸서리쳐질 정도로 싫었던 것이다.

이 말이 그토록 민감하게 나를 자극하게 된 데는 젊은 날 어머니 앞에서 보인 내 어리석음이 묻어 있었기 때문이었다.

대학 졸업을 몇 달 남겨 놓지 않은 늦은 가을이었다. 어머니가 몸살이 나서 며칠째 방안에서 꼼짝을 하지 못하고 계셨다. 어느 날 아침 나는 친구와 학교 앞에서 여덟 시에 만나기로 해서 서둘러 집을 나서려고 할 때였다. 방안에 누워 계시던 어머니가 나를 불렀다. 방안에 들어서자 어머니는 나를 가까이 오라고 하시더니 무엇이 들어 있는 쌈지 주머니를 내 손에 쥐어 주면서 귀에다 입을 대고 낮은 목소리로, '금반지다. 남대문 금방에 가서 팔아 오너라.' 하셨다.

내가 어리둥절해서 어머니의 얼굴을 쳐다보자, '동생 학비도 내야 하고 집에 돈도 있어야 하는데……' 하고 말끝을 흐리셨다. 그 순간 물기가 촉촉히 밴 어머니의 눈을 보았다. 어머니는 '누구한테도 말하지 마라. 내가 몸이 좋으면 마련할 텐데 몸이 좋지 않으니 할 수 없이 너에게 시키는 거야. 부끄럽더라도 참고 금방에 들러라.' 하셨다.

어머니의 '부끄럽더라도'라는 말이 갑자기 나를 슬프게 만들었다. 나는 어린아이처럼 어머니 앞에서 눈물을 보이고 말았다. 그리고 곧 나는 어머니를 기쁘게 해 드리려고, '어머니, 제가 졸업하면 곧 취직을 해서 돈 벌어 올께요.' 하였다.

그러자 어머니는 갑자기 다른 사람이 된 듯 쌈지 주머니를 내 손에서 빼앗더니 이불 속으로 들어갔다. 깜짝 놀라 앉아 있는 나에게, 어머니는 한참 후에 일어나 앉아서 이런 말씀을 해 주셨다.

'내가 다섯 형제의 장남인 너를 믿고 이 반지를 팔아 오라고 했다. 쌀도 떨어지고, 아이들 차비 줄 돈도 없고, 등록금도 밀려서 팔아 오라고 했다. 이 곤궁함 속에서도 참고 살아가는 것은 자식이 훌륭하게 살아가게 하기 위한 것이지. 돈이나 벌게 하려고 하는 것은 아니다. 무슨 일을 해도 돈은 벌 수가 있다. 그러기에 창녀도 돈을 번다. 그러나 하지 않아야 할 일이 있고, 할 수 있는 일이 있다. 내가 하지 않아야 할 일을 하지 않고, 할 수 있는 일을 하는 선택의 방향이 바로 훌륭하게 사는 사람의 삶이다.' 라는 내용의 말씀을 하시면서, '공부해서 그걸로 취직하여 돈을 벌어 온다.'는 말을 다시는 하지 말라고 울면서 깨우쳐 주셨다.

너무 부끄럽고 황망해서 견딜 수가 없었다. 그리고 고생하면서도 그 고생을 참고 나를 키우시는 어머니의 따뜻한 사랑을 다시 한번 느꼈다.

이제 어머니는 살아 계시지 않다. 그러나 나는 제자나 후배, 그리고 내 자식에게 어머니의 말씀을 꼭 전해 준다. '제발 돈 벌려고 직장을 가지지 말라. 무슨 일이든지 일을 하면 돈은 생긴다. 그러니까 사회적 성취, 곧 훌륭한 삶을 살아가려고 취직하라.' 이 말이 어머니의 사랑이다.

맥주집에서 들었던 '돈 벌러 회사에 왔으니까.' 하는 말은 생존의 논리일 뿐 삶의 가치를 밝히는 논리는 아닌 것이다. 제자들과 헤어져 집에 온 그날 밤 나는, 키도 작고 몸도 작은 우리 어머니 생각에 어린아이처럼 울기만 했다.

이 곤궁함 속에서도 참고 살아가는 것은
자식이 훌륭하게 살아가게 하기 위한 것이지.
돈이나 벌게 하려고 하는 것은 아니다

자기의 품위는 자기가 높인다

> 운동 그 자체가 무엇이 나쁜 것이 있는가. 쓸데없이 사치라는 좋지 않은
> 껍질을 덮어 운동한다는 것으로 남들 앞에서 우쭐거려 보려는
> 졸부의 과시욕을 가진 이가 좋은 놀이를 망쳐 놓아서 문제인 것이다.

지난 연말 춘천에 볼일이 있어 갔다가 택시를 탔다. 춘천에서 한 시간 가량 가야 하는 산골길이라 자연스럽게 운전기사와 이런 저런 이야기를 나누게 되었다. 운전기사는 머리가 하얀 나에게 신세 한탄 겸 자신의 살아온 이야기를 털어놓았다. 그는 원래 트럭 운전기사로 출발해서 관광버스 기사가 되었다는 것이다. 그리고 한참 열심히 해서 버스를 한 대 사서 전세 버스를 운행했는데, 이 전세 버스에 문제가 있었다는 것이다.

문제는 엄청난 것이 아니었다. 한적한 작은 도시에 살고 있는 이들이 여름이면 설악산, 가을이면 내장산 단풍놀이 등을 갈 때 단체 손님을 모시게 되었는데, 이 단체 손님들 때문에 그만두게 되었다는 것이다.

예를 들어 동네 중년 남성들이 계를 해서 설악산 구경을 가게 되면 버스에 타자마자 술들을 마시기 시작하고, 휴게소에 잠시 쉬어 가기 위해서 세우면 시간을 지키지 않고, 항상 몇 사람이 뒤에 처져 술판을 벌여 억지로 태우면 불친절한 운전기사라고 반말로 시비를 건다고 했다.

또 동네 부녀자들을 태우고 갈 때도 마찬가지로 버스에 올라타면 술을 마시고 중간 통로에 일어서서 춤을 추기 시작하고, 흔들리는 차안에서 소리를 질러가며 노래를 불러서 운전석에 앉아 있으면 귀가 멍멍해질 때도 있었다는 것이다.

이런 일로 힘이 들기는 했지만, 놀러 다니는 풍토가 그러니 하고 참을 수 있었는데 문제의 심각성은 다녀오고 난 다음에 일어난다는 것이다.

부녀자들이 온천이라도 다녀오고 난 날 밤이면 더 했다. 아내와 둘이서 버스 안을 청소해야 다음날 다시 운행을 할 수 있는데 버스 안을 청소하러 뒷좌석에 가보면 부녀자들이 얼마나 술을 마셨는지, 달리는 차안에서 그대로 소변을 보아 뒷좌석이 있는 쪽 통로는 말할 것도 없고 좌석 밑까지 흥건하게 소변이 그대로 남아 있는 날이 수없이 많았다는 것이다.

집안에만 갇혀 있던 부인들이라서 오랜만에 해방감을 맛보며 못 마시는 술을 과음해서 일으킨 단순한 실수인 것은 충분히 이해가 되었지만, 아내와 물을 퍼다가 그 흔적들을 씻어 내다 보면 자신의 신세가 한탄스러워지고 아내 얼굴 보기조차 부끄러워지더라는 것이다.

더 견딜 수 없는 것은, 어쩌다가 휴게소 같은 곳에 차를 세우고 화장실에 다녀오라고 해도 부득불 차안에서 볼일을 보고, 무어라고 조금 조심할 것을 이야기하면 동네로 돌아와, '운전기사가 승객의 기분을 알아서 잘 맞추어 주지 않는다.'고 동네에 소문을 내곤 한다는 것이다.

결국 수입이 좋긴 했지만 전세 버스를 그만두고 택시로 돌아선 것은, 이런 사연들이 쌓여서 어느 날부턴가 몸에서 갑자기 지린내가 나는 듯한 환상이 들고 일하는 재미도 잃게 된 것이 이유였다는 것이다.

서울로 온 후 나는 아직도, 관광 버스 안에서 술이 취해 소변을 보는 중년의 여성을 상상하면 구역질이 나고 어쩌면 그렇게 밖에 놀 수 없는가 하고 마음이 답답해지는 것이다.

해외에 나가서도 술이 취해 호텔 복도에서 큰소리로 떠들다가 종업원에게 주의를 받는 일쯤은 예사이고, 때로는 아무렇게나 음식을 호텔 방으로 가지고 들어가다가 걸려 곤욕을 치르는 것을 경비 절감 정도로 여기는 일이 벌어지고 있다는 소식을 들으면서, 또 한번 지린내 때문에 택시 기사로 돌아선 그가 생각나는 것이다.

왜 멋지게 노는 것에는 관심을 가지지 않는 것일까. 설날이라서 온 가족이 모이면, 지나간 일 년 동안 살아온 길에서 얻은 재미있는 이야기들을 서로 주고받고, 또 삶의 기쁨과 슬픔 속에 담겨진 진실함에 대해 털어놓고 의논하며, 오늘을 즐겁게 하고 내일에 유익할 수 있도록 건전하고 마음이 탁 풀리는 놀이를 하지 못하는 것일까.

딸이 대학 2학년 때였다. 딸은 학교에 갔다가 오더니 심통이 나서, '대학생이 무슨 돈으로 골프를 배우러 다닌대요?' 하고 누군가를 비난하는 것이었다. 배우는 데 돈이 많이 드는 골프를 여대생에게 가르치는 부모가 잘한 일인가 하고 잠시 생각하였다.

그런데 어느 여대에서 골프를 정규 체육 선택 과목으로 가르치더라는 말을 들은 기억이 나서, 다시 생각해 보니 늙은 아버지와 젊은 딸이 함께 운동을 할 수 있으면 얼마나 좋겠는가 하는 긍정적 생각도 들었다.

운동 그 자체가 무엇이 나쁜 것이 있는가. 쓸데없이 사치라는 좋지 않은 껍질을 덮어 운동한다는 것으로 남들 앞에서 우쭐거려 보려는 졸부의 과시욕을 가진 이가 좋은 놀이를 망쳐 놓아서 문제인 것이다.

삶의 기쁨과 슬픔 속에 담겨진
진실함에 대해 털어놓고 의논하며,
오늘을 즐겁게 하고 내일에 유익할 수 있도록
건전하고 마음이 탁 풀리는 놀이를 하지 못하는 것일까

달걀 하나로 차린 생일상

> 남들이 하니까 나도 한다는 식의 생활은, 나 자신이 살아보고 싶어하는 삶을 만들어 가는 것이 아니라 남들을 향해서 살아가는 타자 지향의 비개성적 생활이 될 수밖에 없는 것이다.

어느날 모임이 있었다. 모두들 즐겁게 이야기를 나누고 있는데 삼십대의 한 여성이 갑자기 일어섰다. 딸의 생일이라고 집에 가 보아야 한다는 것이었다. 모임의 분위기는 곧 파장(罷場)이 되었다. 어떤 여성이, '딸의 생일인데 굉장한 준비라도 하는 모양이지?' 하고 조금은 서운해서 물었다. 그러자 자리에서 일어선 여성은, '같은 반 친구들을 초대했대. 요즘 아이들 생일 파티 알잖아. 케이크 자르고, 피자 시켜 먹고, 고깔 모자 쓰고, 흰 줄이 쫙 하고 나오는 축하 폭죽을 터뜨리고 노래부르고 하는 거지 뭐.' 하고 대답하는 것이다.

밤길을 걸어 집으로 오면서 아이들의 생일 파티라는 것도 유행이 있는 것이구나 하는 생각이 들었다. 그러나 잠시 어린것들의 생일 잔치가 부모들과 함께 하는 의식에서 벗어나 어린것들만의 잔치로 바뀐 것이 좋은 의미가 있는 것일까 하는 생각을 하면서 옛날 내가 겪었던 생일 파티가 떠올랐다.

내가 초등학교에 들어가고 첫 번째 맞는 생일이었다. 아침 밥상에 앉으니 미역국과 함께 내 밥그릇 속에 흰 달걀 하나가 하얗게 얹혀 있었다. 아버지가 손가락으로 내 달걀을 가리키며, '여보, 내 밥에는 달걀이 없는데 왜 이 놈 밥에만 달걀이 있어?' 하셨다.

어머니가 웃으며 '걔 생일이잖아요.' 하시자 아버지는, '야, 한 살 더 먹으니 좋은 일 하나 더할 수 있게 되었네.' 하시며 내 머리를 쓰다듬어 주셨다.

내가 대학을 졸업하기까지 동생은 넷으로 늘어났으나 가족 누구의 생일 아침이면 언제나 밥 위에 달걀 하나가 얹혀 있는 것은 변하지 않았다. 우리 가족만의 독특한 생일 잔치였다.

한 가족으로 살면서 어떤 생활의 의식과 관습을 만들어 가느냐 하는 것은 부모들의 삶에 대한 정신에서 생겨나는 것이다. 남들이 하니까 나도 한다는 식의 생활은, 나 자신이 살아보고 싶어하는 삶을 만들어 가는 것이 아니라 남들을 향해서 살아가는 타자 지향의 비개성적 생활이 될 수밖에 없는 것이다. 이러한 생활은, 우리 가족이 살아보고 싶어하는 삶의 세계가 어떤 것인가에 대해서 그 정체성을 찾아보고자 하는 의욕은 간 곳이 없고 남들이 가진 물질적인 외양에 맞추어 살아가게 되는 것이다.

수저 하나도 내 삶의 반영물이다. 우리 가족만의 독특한 삶의 의미가 담겨진 생활 법칙을 세우는 것은, 온 가족이 힘을 합하여 이 세상에 존재하여 있는 이유를 만들어 가는 과정이라 할 수 있다. 따라서 가족 특유의 의식을 생각해 보면, 고깔 모자나 씌우고, 친구들에게 피자 한 조각씩 나눠주는 잔치는 '나'라는 주체를 잃게 하는 것 이외에 아무 것도 아닌 것이다.

가족 누구의 생일 아침이면 언제나
밥 위에 달걀 하나가
얹혀 있는 것은 변하지 않았다.
우리 가족만의 독특한 생일 잔치였다.

한강 유감

'이사가는데 비가 오네요.' 해야 할 것을 '비가 오는데 이사 가네요.'
하고 바꾸어 놓으니까 마치 비오는 날을 기다리다가
이사를 가는 사람처럼 들리더라는 것이다.

나뭇잎이 무성하게 자란 초여름의 숲을 보고 있노라면 어린 시절 겪었던 6·25 전쟁의 쓰라린 추억이 떠오른다. 철없이 뛰어 놀기만 했던 어린 나는 6월 28일 인민군이 서울에 들어오고, 아버지가 남쪽으로 내려가고 나서야 전쟁이 벌어진 것을 실감할 수 있었다. 원효로 전차 종점 근처에 살았던 나는, 인민군 탱크가 우리 동네 강북 쪽 언덕에 멈추어 서서 노량진 쪽을 향해 몇 발의 포를 쏘고, 마포 쪽으로 드르렁거리며 이동하는 것을 보았다. 그걸 보고 겁에 질려 집으로 뛰어들어와 어머니에게, '이상한 군인들이 총을 쏘고 갔어요.' 하고 말하자 어머니는 나를 꼭 껴안고 '이 일을 어쩌지.' 하셨다.

그 후 얼마 지나 조금은 옛날처럼 조용해지고, 총소리가 사라진 거리를 인민군들이 아무렇지도 않게 걸어 다니기 시작하였을 무렵, 우리 아이들은 다시 한강가 모래사장으로 모여들기 시작하였다. 한강가 모래사장은 우리들의 천국이었다.

학교가 파하면 가방을 현관에 집어던지고 부리나케 한강 가로 뛰어 나가면 언제나, 먼저 온 아이들은 벌써 모래로 성을 쌓고 집짓기를 하거나 울퉁불퉁한 모래 언덕에 자리잡고 술래잡기를 하고 있었다. 그러다가 더우면 옷을 벗고 강물로 뛰어들어가곤 했다. 그런데 인민군이 점령한 다음부터 아이들이 다시 한강가 모래사장에 몰려들기는 시작하였지만 옛날같이 재미는 없었다.

아이들 모두 갑자기 달라진 세상에 정신을 잃고 있었다. 더욱이 아이들은 주머니가 비어 캐러멜 같은 먹을 것을 들고 와서 자랑하는 아이도 없었고, 모래성을 쌓는 놀이도 시들하기만 했다. 우리는 강둑 풀밭에 앉아서 전투기가 날아와 한강 다리를 두들기고 가는 것을 보는 것이 고작이었다. 그러다가 폭격기가 오면 뿔뿔이 헤어져 부모가 있는 집으로 뛰어 들어가야 했다.

그래도 할 일이 없는 아이들은 한강 가 모래사장으로 자연스레 모이곤 했다. 그러던 어느 날 한 아이가 큰소리로 강물을 가리키며, '야, 저것 봐라, 황소가 떠내려간다.' 하는 것이었다. 모두들 강물을 보았다. 저편 강 한가운데 큰 황소 만한 것이 둥둥 떠내려가고 있었다. 그걸 자세히 살핀 한 아이가 '군인이다.' 하고 소리를 질렀다. 분명 황소같이 퉁퉁 불어서 떠내려가는 것은 황소가 아니었다. 군복을 입은 사람이었다. 우리는 입을 다물었다.

황소같이 불어터진 시체는 수없이 떠내려오고 있었다. 그걸 본 후 다시는 아이들 중 그 누구도 덥다고 옷을 벗고 한강 물로 뛰어들어가지 않았다. 우리는 다시 언덕 풀밭에 앉아 아무렇지도 않게 시체를 수없이 떠밀고 밑으로 내려가는 한강 물을 보고만 있었다.

그 여름은 그렇게 흘러갔다. 나는 지금도 한강 가로 차를 몰고 다니다 문득 강물에 떠 있던 시체들이 생각나서 얼른 고개를 돌리는 때가 있다. 그리고 고개를 돌리고 나면 마음 깊은 곳에서 전쟁으로 해서 죽어 가야 했던 이들의 운명이 마치 안개비처럼 뽀얗게 눈앞을 가려, 수없이 '서로 죽이는 전쟁만은 일어나지 않아야지.' 하는 기원을 하게 된다.

이렇게 전쟁이 준 상처가 아물지 않고 있는 것은 어린 내 마음에 인간의 목숨이 얼마나 부질없는 것인가를 너무 깊이 새겨졌기 때문이다. 우리에게는 이러한 상처가 자기도 모르는 사이에 살아오는 동안 자리잡고 있어서 바르게 사물을 보려고 해도 조금은 다르게 보는 경우가 허다하다.

며칠 전 한 친구가 이런 말을 했다. 어느 사람이 비오는 날 이사를 가는데, 옆집에 사는 어느 아주머니가 '비오시는 날 이사를 가네요.' 하더라는 것이다. 그래서 '이사 날짜를 잡아 놓았는데 비가 오네요.'라고 대답을 하였단다.

그런데 이삿짐을 실으면서 생각해 보니 은근히 부아가 나더란다. '이사가는데 비가 오네요.' 해야 할 것을 '비가 오는데 이사 가네요.'라고 바꾸어 놓으니까 마치 비오는 날을 기다리다가 이사를 가는 사람처럼 들리더라는 것이다.

우리는 조금만 마음에 그늘이 지면 이처럼 자신도 모르는 사이에 마음 같지 않은 말이 입에서 나오기 쉽다.

  그러므로 살아가는 동안 마음에 그늘을 들지 않게 하는 일이 무엇보다도 중요하다. 잠시 일할 자리를 찾지 못하여 마음 졸이더라도 더 좋은 자리가 생기리라는 기대를 가지면서 마음의 눅눅한 그늘을 없애야 할 것이다.

철없이 뛰어 놀기만 했던 어린 나는
6월 28일 인민군이 서울에 들어오고,
아버지가 남쪽으로 내려가고 나서야
전쟁이 벌어진 것을 실감할 수 있었다

가난은 흉터가 아니라 벗어야 할 과제

> 아들의 대답이 '아버지도 곧 사다 주실 것이다.' 라고
> 해야 옳을 텐데 엉뚱하게도 할아버지 집에
> 좋은 옷이 많이 있다고 자랑하는 것이 아닌가.

　어린 날 시골 할머니 댁에 가면 할머니는 꼭 내 밥그릇에 밥을 가득 담고는 그 위에 어린애 주먹만큼 더 얹어 주었다. 나는 밥을 남기게 될까봐 덜어내려고 해도 할머니는, '먹다가 남기면 내가 먹으면 되니까 그냥 먹어라.' 하셨다.

　할머니의 이 버릇은 내가 아무리 발버둥쳐도 고쳐지지 않았다. 내가 중학교에 들어간 어느 여름날 오후 늦은 점심을 먹기 위해 온 가족이 멍석에 앉아 있었다. 또 할머니는 보리밥을 사발 가득 담고 그 위에 한 덩어리를 더 얹었다. 또 다시 내가 투덜거리자 할머니는 웃으시며, '이 놈은 배고픈 것이 얼마나 서러운지 몰라서 이러지.' 하셨다. 그리고 할머니가 겪었던 지난 날의 사건을 이야기하였다.

　할머니는 열 대여섯이나 되는 대가족의 집안에 시집을 왔다. 가족들

의 생활을 돌보다가 보니 쌀 한 톨도 아껴야 하는 절약이 몸에 배었고 소가 먹는 여물조차도 함부로 할 수 없었다. 그러던 어느날 밤 어린 삼촌이 밤참을 원해서 부엌에 갔더니 캄캄한 부엌에 키 큰 장정이 서 있었다. 할머니는 너무 놀라서 땅에 주저앉자 장정은 얼른 할머니를 부축하며 '접니다.' 하였다. 정신을 차려 올려다보니 허드렛일을 돕는 아랫방 영식이라는 일꾼이었다.

영식이는 말이 일꾼이지 우리 가족 누구도 일꾼처럼 생각하는 이가 없었다. 원래 그는 같은 동네 개울 건너에 살고 있었던 정씨 집 아들이다. 청년의 집은 대대로 가난해서 논밭 뙈기 한 평도 없어서 항상 남의 집 일을 거들어 주고 살아갔는데, 청년이 일곱 살 되던 해 그의 아버지가 죽자 할아버지는 평소에 근면하던 그의 아버지를 생각해서 우리 집에 함께 살게 하였던 것이었다.

어린 날부터 우리 집에 함께 살아서 삼촌과는 형제처럼 지냈기에 함부로 부리는 일꾼이라는 생각을 우리 온 가족 누구도 가지고 있지 않았다. 어린 나 역시 작은삼촌이라고 부르며 봄날 나무하러 산에 갈 때면 그의 뒤를 졸졸 따라다니곤 했다. 그러던 그가 부엌에서 한 손에는 사발에 밥을 가득 담고 다른 손에는 김치를 담은 그릇을 들고 서 있었다.

그 후 할머니는 영식이가 밥상 앞에 앉아 있을 때면 유심히 보았다. 한 가지 특징은 그는 언제나 허겁지겁 남보다 빨리 밥을 먹어 치웠다. 그러고도 한참 동안 수저를 들고 여러 가지 반찬들을 집어먹고서야 자리에서 일어나는 것이었다.

할머니는 남의 집에 얹혀 사는 영식이가 한창 나이에 들판에서 열심히 일하고 주는 대로 먹는 밥만으로는 부족하여 밥을 부족하여 항상 쩔쩔매는 것을 알았다. 특히 남의 집에 얹혀 산다는 부담 때문에 해서 배가 고파도, '더 주세요.' 하고 말을 하지 못한다는 것을 알았다. 이런 일이 있은 후 할머니는 영식이의 밥을 풀 때면 꼭 한 주걱씩 더 올려 놓았다.

몇년 후 영식이가 결혼을 해서 앞집으로 살림을 차려 나가게 되었다. 한 울타리였지만 딴 살림을 차리게 된 날 밤 영식이가 할머니에게 인사를 하러 왔다. 그는 할머니 앞에 엎드려 절을 하면서, '어머니, 어머니와 살면서 밥그릇 위에 밥을 한 주걱씩 더 얹어 주시던 은혜를 어떻게 갚을 수 있겠습니까.' 하면서 울었다.

이런 사연을 풀어놓은 할머니는, '마음에 무엇인가 묻어 두고 산다는 것은 바르게 사물을 볼 수 없게 하는 장애가 될 수도 있는 것이야.' 하였다. 나는 웃으며, '내가 뭐 영식이 삼촌인가.' 하고 대답을 하였지만 어린 마음에 남의 집에 와서 배고픈 것을 말할 수 없었던 영식이 삼촌이 측은하게 여겨졌다.

그런데 내가 느꼈던 영식이 삼촌에 대한 연민보다 더 중요한 뜻이 할머니의 말 속에 들어 있었다는 것을 안 것은, 세월이 훨씬 지난 후 아들을 초등학교에 보내게 되었을 때였다. 그때는 아직 내 집 마련을 못하고 단칸 셋방에 살고 있었다. 봄이 되어 동사무소로부터 아들의 입학통지서를 받고 우리 부부는 밤이면 아들의 장래를 그려보곤 했다.

아들이 학교에 가게 되면 공부방도 있어야 하겠고, 그리고 입학하면 가져가야 할 가방이며 학용품들을 마련하는 것이 무슨 큰일이라도 되는 것처럼, 밤이면 우리 부부는 이런 걱정으로 밤잠을 설치곤 했다. 아내가 입학식을 하루 앞둔 날 아들에게 입힐 옷이 마땅치 않다고 해서, 우리 부부는 시내 큰 백화점에 가서 우리 분수에는 좀 넘치는 옷을 사 왔다. 아내는 너무 비싸다고 투덜거렸지만 나는 좋은 옷으로 골랐다.

특별히 내가 비싼 옷을 골라잡게 된 것은, 며칠 전 아들과 주인집 아이가 대문 앞에서 이야기하는 소리를 들었기 때문이다. 주인집 아이가 학교에 입고 갈 새 옷을 사왔다고 자랑하자 아들이, '우리 할아버지 집에 가면 좋은 옷이 많이 있다.'고 대답하는 것이었다. 아들의 대답이 '아버지도 곧 사다 주실 것이다.'라고 해야 옳을 텐데 엉뚱하게도 할아버지 집에 좋은 옷이 많이 있다고 자랑하는 것이 아닌가. 아들의 이 말을 듣는 순간 나는 가슴이 뭉클하면서, 아들이 셋집에 살고 있어서 주인집 아이에게 지지 않으려는 오기로 할아버지 집을 들고 있구나 하는 생각이 들었던 것이다.

아이들끼리 주고받는 단순한 자랑의 실랑이가 내 가슴에는 어느덧 셋방살이의 비참함이라는 상처로 자리잡았다. 이 상처는 비록 '집은 없지만 남에게 지지 않을 만큼 말끔한 옷을 입혀서' 학교에 보내야겠다는 생각을 하게 되었다.

입학식 날이었다. 아내가 친정에 일이 있어서 내가 아들의 손을 잡고 학교에 갔다. 학교 운동장에는 아들 또래의 아이들이 엄마의 손을 잡고 가득 모여 있었다. 선생님이 호명을 해서 아이들을 두 줄로 세웠다.

아들은 같은 반 또래의 아이들 중에서도 키가 작은 편에 속했다. 방 안에서 나와 뒹굴 때는 아무렇지도 않았는데 여러 아이들 틈에 세우니까 너무 작아 보였다. 더욱이 줄을 서 있는데 바로 앞에 키 큰 아이가

서 있어서 아이의 키는 더 형편없어 보였다. 선생님이 무어라고 하면 아들은 별수없이 머리를 옆으로 길게 빼내어 앞쪽을 보곤 하였다. 옷도 마찬가지였다. 비싼 옷을 사 입혔는데도 다른 아이에 비해서 초라해 보였고, 아들의 가는 목이 처량해 보이기까지 하였다.

그후 나는 아들을 치장하는 일에 편집광적인 정성을 쏟았다. 아무리 비싼 것이라도 아들을 위해서는 아낌없이 사들였다. '셋방에 산다고 아들의 기를 죽일 수 없다'는 생각이 엉뚱하게도 아들의 겉치장에까지 확대된 것이다.

그해 여름 아버지가 우리 집에 들르셨다. 아버지는 우리 셋방에 오시면 방에 들어오시지를 않고 문 앞에서, '아범아.' 하고 부르시곤 우리들을 중국집으로 데리고 가셨다. 그날도 아버지는 우리를 중국집으로 데리고 가셨다. 자장면을 주문하고 음식이 나오기를 기다리면서 의자에 얌전히 앉아 있는 손자의 머리를 쓰다듬으시더니, '아범아, 아이들은 금방 크니까 좋은 옷보다 튼튼한 옷을 사 입혀.' 하셨다. 나는 '예'. 하고 대답은 하였지만 건성이었다.

그러고 나서 아버지는, '네가 초등학교에 갈 때 신발을 사 줄 수가 없어서 엄마가 시집올 때 입고 온 비단치마를 잘라서 버선같이 만들어 신겨 학교에 보낸 일을 너도 잘 알지. 그러나 엄마는 한번도 그 일로 해서 너를 더 잘 입혀야 한다고 이상한 억지를 부린 일은 없어. 가난 때문에라는 생각에 매달려 있으면 마음에 가난으로 해서 상처를 받아 그 흉터가 정상적인 생활을 가로막는 장애가 되는 것이야.' 하셨다. 아버지는 내가 아들의 겉모양 꾸미기에 열성적이라는 이야기를 이미 어머니를 통해 듣고 오셨던 것이다.

그날 밤 자고 있는 어린 아들을 보고 있노라니, 나는 셋방에 살고 있다는 쓸데없는 가난의 사슬에 얽매어 아들에게 진정 필요한 것이 무엇인지를 살펴보지 못하고 엉뚱하게도 내 자신이 가난이라는 것이 주는 원망과 왜곡의 틀에 갇혀 있지 않았는가 하는 생각이 들었다.

우리가 일생을 살아가노라면 여러 가지 일에 부딪쳐 상처를 입게 된다. 이 상처는 아물어 흉터를 남기게 된다. 친한 친구에게 속아 본 이가 친구를 믿지 못하는 병이 생기듯이 가난이라는 것도 엄청난 흉터를 만들 때가 있다.

그러나 생각해 보면 가난은 벗어나면 그만이다. 그러기에 '가난했을 때' 라는 순간에 마음에 받은 아픔을 원한으로 받아들이고, 밥을 못 먹었기에 밥만은 언제나 우리집 부엌에 가득 해 놓아야 한다든가, 아니면 옷을 못 입어 보았기에 돈을 번 후에는 옷 사치에 나서서 누구에게도 지지 않는 비싼 옷을 입고 다녀야 마음이 풀리게 되었다든가 하는 것들이 얼마나 부질없는 것인가를 알아야 할 것이다.

가난은 벗어나고 보면 아름다운 추억이다. 길거리에 풀빵 하나 못 먹어서 속상하던 때가 엊그제 같은데, 주머니에 몇 푼이 있으니까 풀빵집 앞에 서서 풀빵을 팔고 있는 아저씨의 얼굴도 살필 수 있게 되는 것이다. 그러기에 가난은 벗어 던져야 할 과제이지 원망의 샘물이 되어서는 안 될 것이다.

제 **4** 부

황폐한 도시에도 향기가 난다

잘못을 알 수만 있는 기준만 있어도
사람답게 사는 길을 찾을 수 있지 않겠는가.

꽃샘추위와도 같은 아름다운 거짓말

'제가 다 알아요. 동갑이에요. 어때요 연애할 때 풍선 좀 키우는 것. 그래야 멋이 있지요. 무엇을 다해 준다고 약속을 해도 조금밖에 못해 주는데 꿈조차 그리지 않으면 어떻게 살아요.'

동네 골목길을 돌아 나오는데 어려 보이는 청년이 불쑥 천연색으로 인쇄된 편지 봉투만하게 접은 종이를 주는 것이었다. 국회의원에 입후보한 사람의 선전 쪽지였다. 벌써 선거날이 가까웠구나 하는 생각이 들었다.

매번 선거 때가 될 때마다 새벽에 문 앞에 던져진 신문을 집으러 나가 보면 잘 차려 입은 신사의 어록이 담긴 수많은 홍보 선전물을 만나게 되던 일이 떠올랐다. 이 선전문을 집어들고 와서 꼼꼼하게 읽어보면 참으로 잘살 수 있는 길이 그 속에 담겨 있는 듯이 보였고, 우리 동네의 모든 숙원이 이 한 사람만 뽑아 주면 다 걱정할 필요가 없는 것처럼 씌어 있었다.

올해도 마찬가지로 수많은 입후보자들은 우리들 앞에 실현 가능한 꿈에서부터 이룰 수 없는 꿈에 이르기까지 여러 가지 꿈들을 제시하고 우리의 마음을 빼앗아가려고 발버둥칠 것이다. 나는 입후보자들이 제시하는 수많은 공약이라는 이름의 꿈을 보면서 한 친구의 연애 시절을 떠올리게 된다.

나와 친구는 다른 대학에 다니고 있었지만 어린 날부터 한 동네에 살아서 자주 만나는 사이였다. 어느 늦은 봄날 해질 무렵 그 친구가 우리집에 왔다. 다른 날과는 달리 심각한 표정이었다. 그는 내 방에 들어서자마자 내 손을 덥석 잡으며, '나 좀 살려줘.' 하였다. 아무 영문도 몰라 어리둥절해 하는 나에게 그는 숨가쁜 목소리로 자초지종을 털어놓았다. 친구의 사연은 연애 사건이었다.

친구는 한 여자를 좋아하게 되었다. 그녀는 그와 함께 우리 동네 버스 정류장에서 같이 내리게 되면서 그의 눈에 띄었던 것이다. 친구는 학교 가는 길에 일 년 가까이 그녀와 버스를 함께 타는 기회가 있었던 것이다. 예쁜 그녀를 볼 때마다 말을 걸고 싶었지만 용기가 나지 않아 망서리고 있었던 것이다. 그러다가 얼마 전 봄비가 촉촉히 내리는 날 밤 집으로 오는 버스에 타고 보니 그녀가 앉아 있었다. 그날도 역시 용기가 없어 그녀 곁에 빈 자리가 있어도 가서 앉지도 못하고 서 있다가 내리고 말았다.

친구는 우산을 들고 버스에서 내리는 그녀가 내리기를 기다리다가 그녀가 마침 우산이 없어서 핸드백으로 머리를 가리고 가는 것을 보았다. 친구는 이때다 싶어 용기를 내어 아무 말도 없이 그녀의 머리에 우산을 씌워 주었다. 그러자 그녀는 웃으며 '좀 일찍 씌워 주시지 그랬어요.' 하더라는 것이다.

이렇게 되어 둘은 자연스레 만나기 시작하였는데, 문제는 처음 그녀를 집앞까지 바라다 주었을 때 그녀가 고맙다고 차 한잔 사겠다며 집 근처의 커피숍에 들어간 데서 생겼던 것이다. 서로 자기 소개가 끝나고 친구가 평소에도 여러 번 말을 걸고 싶었다는 고백까지 하였는데, 갑자기 그녀가 '실례지만 군대에 갔다가 왔어요?' 하고 묻더라는 것이다. 그는 엉겁결에 '해병대에 다녀왔지요.' 하고 대답을 하자 그녀의 눈빛이 그를 우러러보는 눈빛으로 바뀌더라는 것이다.

그후 자주 만나게 될수록 그녀는 그녀의 사촌오빠가 해병대 장교로 있다면서 해병대 이야기를 자꾸 끄집어내어 물었고, '해병대에 삼 년이나 갔다 오셨으니 나보다 삼 년이나 위네요.' 하면서 오빠라고 부른다는 것이다.

친구는 거짓말에도 한계가 있어서 더 이상 버틸 수 없게 되었으니 어떻게 했으면 좋겠느냐고 물었다. 나는 웃으며, '그녀와 헤어지면 그만 아닌가.' 하고 놀리니까 친구는 펄쩍 뛰면서 꼭 결혼하고 싶다는 것이다. 나도 막막하였다. 만약 나이가 똑같은 것을 알게 된 그녀가 어제처럼 그를 좋아할지 알 수도 없었고 쓸데없이 감추고 있다가 정이 더 깊어진 관계가 되었을 때 불행하게도 그녀가 먼저 친구의 모든 것을 알면 더더욱 실망할 것 같아 좋은 방법이 떠오르지 않았다.

나는 친구에게 처음 출발부터 거짓말을 한 것에 대해 구박을 하였지만 친구는 힘없이 고개를 숙이고, 그녀를 '놓칠 것 같은 불안 탓이었지.' 하면서 '정말 엉겁결에 그렇게 되었어.' 하는 것이었다.

나는 친구의 처지를 생각해서 할 수 없이 내가 모든 것을 뒤집어쓰기로 지혜를 모으고, 우리는 다음날 저녁 커피숍으로 그녀를 불러냈다.

친구는 우산을 들고 버스에서 내리는 그녀가 내리기를 기다리다가

그녀가 마침 우산이 없어서 핸드백으로 머리를 가리고 가는 것을 보았다.

친구는 이때다 싶어 용기를 내어 아무 말도 없이 그녀의 머리에 우산을 씌워

주었다. 그러자 그녀는 웃으며 '좀 일찍 씌워 주시지 그랬어요.' 하더라는 것이다.

나는 엄숙하게 기도하는 자세로, '내가 이 순진한 친구에게 댁과 사귀려면 나이도 올리고 해병대 갔다가 왔다고 이야기하라고 시켰습니다. 내가 보기에 당신은 용감하고 무게가 있는 남성다운 사람을 좋아하는 것 같아서 그렇게 되었습니다. 친구가 당신을 좋아하여 이 문제로 고민하기에 내가 밝히는 것입니다. 나를 욕하십시오.' 하고 말했다.

그러자 그녀는 조용한 커피숍이 날아갈 듯이 웃으며, '제가 다 알아요. 동갑이에요. 어때요 연애할 때 풍선 좀 키우는 것. 그래야 멋이 있지요. 무엇을 다해 준다고 약속을 해도 조금밖에 못해 주는데 꿈조차 그리지 않으면 어떻게 살아요.' 하는 것이었다.

그들 둘을 남겨 놓고 나 혼자 집으로 돌아오면서, '꿈도 없으면 너무 삭막한 세상일 거야' 하고 생각했다. 그러나 지금 연애처럼 우리의 마음을 열게 해 줄 그런 거짓말은 없는 것인가.

나를 버리고 사는 삶의 가여움

> 식사가 끝나고 얼마 되지 않아서 밥상에서 야단친 것이 마음에 걸려 아들을 무릎에 앉히고, '이놈아, 아버지가 나갔다 오면 꼭 손을 씻으라고 하지 않았니.' 하고 달래 주었다.

한겨울에 출근을 하려고 문밖에 나오니 비가 내리고 있었다. 알지 못하는 이가 대문 앞에 서 있는 것처럼 낯선 느낌이었다. 겨울이면 눈이 하얗게 내려 있어서 발길이 멈칫하게 되는 것이 겨울이면 겪게 되는 당연한 아침이라면 비가 내리는 광경은 분명히 다른 느낌을 주는 것이었다.

갑자기 달라진 날씨가 겨울 같지 않은 느낌을 주어 얼핏 봄을 연상하게 하듯이 생활도 마찬가지이다. 언제나 똑같은 자리에 앉아 일을 하지만, 어쩌다가 책상에 꽃 한 송이라도 꽃병에 꽂아 놓으면 스스로도 놀랄 만큼 전혀 다른 자리처럼 느껴질 때가 있다. 이 새로운 느낌이 일상에 익어진 생활에서 자신을 깨우치게 하는 것이다.

아침에 일어나서 출근하여 하루를 보내고, 다시 다음날 아침이면 아무런 생각도 없이 직장으로 달려가는 익숙해진 일상이야말로 살아가는 보람을 잃게 하고, 자신의 생활을 통해서 얻고자 하는 종국의 성취가 무엇인지 알지 못하게 하는 것이다.

어느 해 1월 초순쯤 뉴욕에 있을 때였다. 40년만에 처음이라는 눈보라가 몰아쳐 하루종일 방안에 갇혀 있었다. 창 밖으로 내다보니 눈은 바람에 쓸려 마치 빨랫줄처럼 허공에서 옆으로 내리고 있었다. 하늘에서 흔들리며 내리는 눈만 보아 오던 나는 옆으로 밀려가며 내리는 눈발을 보면서 신기함조차 느꼈다.

집과 길은 순식간에 눈으로 덮이고 주차장에 서 있던 차의 모습은 어디로 갔는지 흔적도 없어지고 눈밭이 되어 버렸다. 뉴욕 시내가 온통 눈으로 덮였다. 뉴스에서는 비상사태라서 아무도 출근을 하지 못하게 하고 학교나 가게도 모두 문을 닫아 텅 빈 거리만 텔레비전 화면을 가득 채우고 있었다.

인구 천만 명이 넘는 세계적 도시인 뉴욕이 하루아침에 마비되어 어느 한적한 눈 덮인 스키장같이 되어 버린 도시 풍경을 보면서, 아침이면 지하철에서 내린 수많은 회사원들이 몰려나와 까맣게 거리를 메워가던 모습과는 너무나 대조적인 광경에 깜짝 놀랐다.

그리고 그 놀라움 속에서 하늘 높이 솟아오른 거대한 빌딩이 벌판에 눈을 이고 서 있는 하나의 나무처럼 보였다. 하루를 보낸 다음 날도 눈으로 해서 도시가 마비된 상태였다. 다음날 뉴욕이라는 도시에 반한 것은 텔레비전에서 불도저와 큰 짐차들이 길에 쌓인 눈을 치우는 광경을 보면서였다.

이 마비된 도시의 거리에 어린아이들이 나와서 눈을 뭉쳐 눈싸움을 하는 모습이 제설 작업을 하는 자동차와 어우러진 풍경이 새로웠다. 목소리를 높여 눈으로 해서 생긴 재해를 막아내느라고 온통 시끄러운 그 한복판에서 어린것들은 제철을 만난 듯이 놀고 있는 것이다.

 이 대조적인 거리 풍경을 보면서 새로움을 발견한다는 것이 얼마나 삶의 다른 세계를 보게 하는 힘이 있는 것인가를 새삼 생각해 보았다.

 눈앞에 보여진 현실의 미세한 세계에만 매달리다가 보면 바로 곁에 이와는 다른 또 다른 세계가 있다는 것을 잊을 때가 허다하다.

 아들이 초등학교에 다닐 때 이런 일이 있었다. 저녁에 집에 돌아와 밥상에 앉았을 때였다. 옆에 앉아 있는 아들이 수저를 드는 것을 무심코 보다가 아들의 손등이 새까만 것이 눈에 띄었다. 나는 다짜고짜 아들에게 밥상에 앉기 전에 손을 씻지도 않고 앉았느냐고 야단을 쳤다. 아들은 아버지의 목소리가 높자 곧 눈물이 글썽해 가지고, '잘못했어요.' 하고 용서를 빌었다. 아들은 곧 밖에 나가서 손을 씻고 돌아와 밥상에 앉았다.

 식사가 끝나고 얼마 되지 않아서 밥상에서 야단친 것이 마음에 걸려 아들을 무릎에 앉히고, '이놈아, 아버지가 나갔다 오면 꼭 손을 씻으라고 하지 않았니.' 하고 달래 주었다. 그러자 아들은 울먹이는 소리로, '아버지, 연필을 깎다가 손을 베었어요.' 하면서 손가락에 상처가 난 것을 보여주었다. 그리고 '엄마가 상처가 났으니 물에 손을 넣지 말라고 하셨어요.' 하는 것이었다.

 나는 아들이 밥상에서 아무 소리도 하지 않고 순순히 밖에 나가서 손을 씻고 돌아와 다시 수저를 들던 모습이 순간 눈앞에 어른거렸다. 아들은 상처가 났다는 말을 하지 않은 것이었다.

묻혀서 지낸다는 것은 자신을 둘러보는 기회를 잃는다는 말과 같은 것이다. 새로움을 발견한다는 것은 생활의 미세한 변화에도 민감하게 대응하여 일상의 때묻은 습관을 떨쳐 버리고 삶의 다른 세계를 본다는 뜻이다. 우리는 너무 일상에 매달려 사는 것이나 아닌지 다시 한번 살펴보아야 할 것이다.

하찮은 것 하나에도 철학이 있다

다방에서 나올 때면 으레 그가 찻값을 냈고 습관처럼 친구들은 그에게 차를 얻어 마시곤 했다. 그런데 그는 인심 좋은 친구라는 칭찬은 들었지만 그와 그의 가족은 항상 쪼들리며 살고 있었다.

지난번 눈이 내린 날 밤 강남에서 분당으로 가려고 차를 몰고 나섰다가 결국은 포기하고 전철을 타고 집으로 돌아왔다. 구두코에 겨우 눈이 묻을 만큼만 눈이 내려도 온 도시가 낑낑거리고, 한밤중이 되어도 변두리에 사는 이들이 집으로 돌아갈 수 없게 된다는 것이 어찌 보면 우습기조차 하다.

또 한 가지, 조금 정성이 있는 구청에서는 눈이 오면 열심히 길에 염화칼슘이라도 뿌려서 구민들의 불편을 덜어 주고자 애를 쓰고 있는데, 어떤 구청에서는 눈에 띄는 몇 곳만 인사치레를 하듯이 간간이 염화칼슘을 뿌려 놓았다고 불평하는 소리를 듣는 것도 우습기는 마찬가지다.

뉴욕에 있을 때였다. 눈이 내려 세계적 도시인 뉴욕 맨해튼이 온통 마비되었을 때였다. 허리춤까지 쌓인 눈을 보면서 이 눈을 다 치우려면 며칠이 걸리겠지 하고 걱정을 하였는데 이틀이 지나지 않아 정상 소통이 되는 것을 보았다.

내가 하도 신통해서 미국 친구에게, '어떻게 저렇게 빨리 치울 수 있지?' 하고 감탄하자 그는 웃으며, '지난번 시장이 눈이 왔을 때 제대로 치우지 않고 꾸무럭거려서 시민의 불평을 많이 들었지. 이번 시장은 선거 공약에 눈도 빨리 치우겠다고 약속을 해서 저런 거야.' 하는 것이었다.

나는 미국 친구의 말을 들으며 속으로 우리의 현실을 생각해 보았다. 눈이 많이 왔을 때 제설 작업을 성심성의껏 하겠다는 공약을 가지고 누가 당선이 될 수 있을까, 아니면 눈이 쌓였는데 조금 꾸무럭거렸다고 그것이 시장의 책임이라고 해서 다른 사람을 뽑아야 한다고 주장했다면 유권자들이 어찌 생각할까 하는 점이다.

우리는 조금 사정이 다르지 않을까 하는 생각이 들었다.

웅장한 국가의 앞날을 생각하고, 통일을 앞당기는 문제를 이야기하고, 과거에 어떤 투쟁을 했으며, 그가 어떤 요직이나 훌륭한 사장 자리에 있었는가 하는 점이 더 중하고, 공약 역시 쩨쩨하게 눈이나 빨리 치우는 것이 아니라, 국가의 운명을 바꿀 것을 주장해야 표를 많이 얻지 않을까 하는 점이다.

며칠 전 편집회의 때문에 모였을 때였다. 내 또래의 한 친구가 이번에 살던 집이 낡아 허물고 다시 그 자리에 삼층 집을 지어 아래층과 이층은 세를 주고 삼층에 살게 되었다고 하였다. 모두들 부러운 눈으로 '셋돈이 대단하겠네.' 하고 칭찬을 하면서 가난한 월급쟁이가 어떻게 그런 큰 집을 지을 수 있었는가를 물었다.

그러자 그는 아무렇지도 않은 듯이, '푼돈을 아껴 썼지.' 하는 것이었다. 함께 있던 이들이 아무 말도 하지 않았다. 나도 그가 아무렇지도 않은 듯이 내뱉은, '푼돈을 아껴 썼다.'는 말이 집으로 돌아오는 버스 안에서까지 그대로 살아 있는 것이었다.

그리고 인심 좋던 한 친구를 떠올렸다. 그는 친구들과 만나면 인사가 '커피 한잔하지.'였다. 역시 다방에서 나올 때면 으레 그가 찻값을 냈고 습관처럼 친구들은 그에게 차를 얻어 마시곤 했다. 그런데 그는 인심 좋은 친구라는 칭찬은 들었지만 그와 그의 가족은 항상 쪼들리며 살고 있었다.

나는 그 모습을 비교해 보면서 국가를 경영하고자 하는 이들을 이 두 부류로 구분해 볼 수 있지 않을까 하는 생각이 들었다. 즉 국가 살림을 알뜰하게 꾸려서 나라를 부강하게 하는 이와, 국민들은 고생을 해도 인심이나 베풀며 인기나 유지하려고 하는 이가 있을 것이다.

이제 겨울도 막바지다. 우리는 어떤 정신으로 새봄을 맞을 것인가. 쩨쩨하게 푼돈을 아끼는 친구처럼, 아니면 척척 찻값을 내는 후한 친구처럼?

옷 잘 입고 다녀라

이제 다시 섣달 그믐이 온다.
나는 올해도 어머니가, '가족들 마음이나 잘 다독거려라.' 하고
말씀해 주시리라 생각했다.

12월만 들어서면 이미 '올해도 갔구나.' 하는 초조한 마음이 되어 자꾸만 살아온 한 해를 돌아보게 된다. 그러나 돌아보면 아무것도 이룬 것 없이 분주하게 하루하루를 살아온 듯 느껴진다. 어제 아침도 마찬가지였다. 이른 새벽에 일어나 아파트 창문으로 밖을 내다보니 새벽 안개가 자욱하게 내려와 있었다. 건너편 공원의 나무는 아직도 검은 빛으로 남아 있었고 안개는 나무 주위를 치마를 두르듯 둘러싸고 있었다. 공원 어린이 놀이터의 모래밭은 아이들의 작은 발자국으로 어지럽혀져 있었다.

창밖으로 보이는 새벽 풍경을 보고 있자니 문득 마른 가지만 매달고 서 있는 길쭉하게 생긴 밤나무가 눈에 띄었다. 이 밤나무는 유독 다른 나무들과 떨어져 혼자 외롭게 길가 쪽으로 서 있었다. 멀쑥하게 키만

큰 밤나무를 보다가 젊은 날 망년회 밤이 떠올랐다.

취직을 하고 처음 맞는 망년회였다. 직장 동료들과 보신각 근처 어느 술집에 모였다. 모두 짝을 데려오기로 해서 나도 할 수 없이 어느 회사에 다니고 있었던 후배의 여동생을 파트너로 데리고 갔다.

모두들 멋진 차림으로 모여 있었다. 회사 안에서 볼 때면 구질구질한 차림이었는데 이런 모임에는 모두들 멋진 옷을 입고 나와 있었다.

나는 평소에 입던 낡은 양복을 그대로 입고 갔었다. 이 양복은 아버지가 입던 것을 어머니가 동네 양복집에 보내서 뒤집어 다시 만든 양복이어서 윗도리의 손수건을 꼽는 주머니가 왼쪽에 있어야 하는데 오른쪽으로 옮겨와 있는 것만 어색할 뿐 자세히 보지 않으면 뒤집어 다시 만든 양복인지 알 수 없었다.

동료들과 어울려 재미있게 이야기도 하였고 노래도 함께 불렀다. 밤이 깊어 망년회가 끝나고 술집을 나와, 친구 여동생을 데려다 주려고 불광동 가는 버스를 기다리고 있을 때였다. 그 동안 얌전하게 내 곁에서 다른 동료들과 어울려 즐겁게 놀던 그녀가 나에게 심각한 얼굴로, '오빠는 여성을 초청해서 공식적인 망년회나 모임 같은 곳에 올 때면 옷차림도 좀 살펴보고 와야지요.' 하는 것이었다.

나는 깜짝 놀라, '무슨 소리야. 이 옷이 어때서?' 하며 그녀를 보았다. 그녀는 딱하다는 듯이, '오빠만 괜찮으면 되나. 내 체면도 있지.' 하는 것이었다. 갑자기 나는 모닥불을 뒤집어 쓴 듯 얼굴이 화끈해 왔다. 그녀가 옷을 뒤집어 새로 만든 것을 알고 있구나 하는 생각이 들었기 때문이었다.

그때까지만 해도 나는 옷이라는 것에 대해 수치감이라는 것을 몰랐다. 아무 옷이나 걸치고 학교를 다녔고, 옷을 잘 입고 다녀야 남들이 우러러본다는 것 같은 것은 안중에도 없었다. 그런데 느닷없이 친구 여동생의 말을 듣는 순간 내가 어떤 착각에 빠져 살아온 것이 아닌가 하는 생각이 들었다.

나는 그녀와 헤어져 보신각 근처에서 원효로까지 걸어서 갔다. 섣달 그믐이라 술에 취한 이들이 비틀거리며 내 어깨를 치고 가도 나는 거들떠보지도 않고 고개를 숙이고 걷기만 했다. 옷이 무엇이기에 하는 역겨움도 있었지만 어떤 자리에 맞는 옷을 입는 예의도 있어야 하지 않겠나 하는 생각도 들었다. 쓸쓸한 섣달 그믐이었다.

그러나 옷 생각도 잠시뿐 얼마 지나지 않아 부끄럽던 기억은 사라지고 나는 다시 옛날처럼 아무 옷이나 손에 잡히는 대로 입고 지냈다. 몇 년 전 섣달 그믐이 다 되어 가던 어느날 어머니를 찾아갔다. 어머니는 아버지와 함께 사시던 옛집에 장가 안 간 동생과 살고 계셨다. 내가 아무리 졸라도 큰아들인 내 집으로 오실 생각조차 하시지 않으셨다.

거실에 앉아 지난 한 해 동안 집안에 있었던 이야기를 주고받다가 갑자기 어머니가, '왜 그렇게 늙어 보이니? 일 조금만 하고 쉬어라.' 하셨다. 이 말을 듣는 순간 나는 가슴이 뭉클해지면서 눈에는 금방 눈물이 고여 눈앞이 부예졌다.

다시 집으로 돌아오는 길에 나는 집 근처 공원에서 한참 동안 찬바람을 맞으며 앉아 있었다. 어머니는 옛날 어린 시절 섣달 그믐이 되어도 설빔 한 벌 사 주지 못하실 때면 언제나, '얼굴이 꺼칠하다. 공부를 그만하고 놀아라.' 하고 엉뚱한 말을 하셨다. 그러면 나는 어머니의 이 말씀을 '올해도 옷 한 벌 못 얻어 입는구나.' 하는 뜻으로 받아들였다.

또 어느 해는 '너는 키가 많이 커서.' 하는 말로 한 해를 보내기도 했다. 그러면서 어머니는 한 마디도 옷에 대한 이야기를 하지 않으셨다.

나는 어머니 덕택에 옷을 잊고 산 것이다.

공원 벤치에 앉아 보니 그것이 바로 나에 대한 깊은 사랑이라는 것을 겨우 깨닫게 되었다. 가난해서 아들의 옷 한 벌 못 사주시고 한 해가 넘어가는 안타까움을 아들이 정말 필요로 하는 덕담으로 달래며 살아오셨던 것이다.

이제 다시 섣달 그믐이 온다. 나는 올해도 어머니가, '가족들 마음이나 잘 다독거려라.' 하고 말씀해 주시리라 생각했다. 하지만 이미 세상에 나와 홀로 한 가정을 끌어가는 아들이면서도, '어머니, 올해에는 옷 한 벌 해 드릴게요.' 하고 선뜻 말하지 못하고 살아온 나 자신이 자식들 옷 해 줄 생각이나 하는 옹졸한 마음에 사로잡힌 꼴이나 되지 않을까 걱정이다.

언제나 한 해가 가면 다음 해가 온다. 그러나 한 해의 바뀜은 시간의 흐름이 아니라 대나무 마디처럼 한 인간의 성장을 의미하는 순간이 되어야 한다. 빈손으로 서 있어도 기쁜 섣달이 되기 위해서는 마음속에 '참다운 인정이 흐르는 무엇을 해 드릴 수 있는 기쁨'이 무엇인가를 찾아내는 눈이 있어야 할 것이다.

가난해서 아들의 옷 한 벌 못 사주시고
한 해가 넘어가는 안타까움을 아들이 정말
필요로 하는 덕담으로 달래며 살아오셨던 것이다.

순수의 거울로 사물을 보면서

그 이야기를 털어놓으면서 그는,
'인생은 낙엽처럼 허무한 것'이라고 후렴처럼 말했다.
그에게 어머니의 죽음은 허무라는 그늘을 마음 한구석에 떠돌게 한 것이다.

가을비가 내렸다. 며칠 전만해도 아무렇지도 않던 보도에 속절없이 떨어진 낙엽이 빗물에 젖은 채 누워 있었다. 젖은 낙엽을 밟으며 지나가다가 뒤를 돌아보았다. 젖은 낙엽은 그대로 있었다. 나는 잠시 걸음을 멈추었다. 젖은 낙엽은 마치 인생도 살다가 이렇게 가는 것이라고 말하고 있는 듯 느껴졌다.

다시 몇 걸음 옮겨 놓다가, '왜 낙엽처럼 가 버리는 인생'을 생각했을까 하는 생각이 났다. 나는 곧 그 해답을 찾았다. 유별나게 가을비에 젖은 낙엽만 보면 언제나 허무만을 연상하는 나 자신은 젊은 날에 생긴 조그마한 체험의 상처에서 유래하고 있다는 것을 알았다.

내가 처음 대학 강단에 서게 된 어느 가을이었다. 비가 주룩주룩 내리는 소공동 길을 걷고 있었다. 아침에 우산을 가지고 나오지 않은 탓에 비에 흠뻑 젖고 말았다. 그렇게 비에 젖어 걷다가 우연히 고개를 돌려보니 나와 나이도 비슷한 젊은이가 나란히 비에 흠뻑 젖으며 걷고 있었다. 옆모습이 눈에 익은 듯해서 다시 그를 보았다. 그도 나를 보았다. 둘은 눈길이 마주치자 깜짝 놀라고 말았다. 우리는 고향 친구였던 것이다. 우리는 반갑게 젖은 손을 잡고 가까운 다방에 들어갔다. 의자를 적실 만큼 빗물에 푹 젖어 있었지만 친구를 만난 반가움에 둘러볼 겨를도 없었다.

그런데 그는 풀이 죽어 있었다. 어린 날 고향에 가면 언제나 그는 우리 또래의 영웅이었는데. 그의 집은 넓은 과수원, 제재소, 그리고 도정 공장을 가지고 있어서 언제나 그의 주머니는 우리들을 든든하게 하였다. 세월이 흘러 서울에서 만난 그는 지금 초라한 행색으로 내 앞에 앉아 있다. 어머니는 그가 중학교에 입학할 즈음 돌아가시고 새 어머니가 왔지만 그는 새 어머니와 친해질 수 없었다. 그래서 학교도 빈둥거리며 다니다가 대학을 졸업하자 혼자 서울에 남아 조그마한 출판사에 취직해서 혼자 하숙을 하며 살고 있다고 했다.

그 이야기를 털어놓으면서 그는, '인생은 낙엽처럼 허무한 것'이라고 후렴처럼 말했다. 그에게 어머니의 죽음은 허무라는 그늘을 마음 한 구석에 떠돌게 한 것이다. 그와 헤어져 돌아오면서 비에 젖은 낙엽이 자꾸만 허무한 인생을 떠올리게 하였다. 또한 친구의 마음에 담긴 상처가 그의 삶에 얼마나 큰 변화를 주는가를 보았다.

이제 다시 비오는 가을 길을 걸으며 내 마음의 상처가 나를 어떻게 변하게 하는가를 살펴본다. 돈이 없어서 남에게 손을 내밀 때의 비굴함, 아니면 조금은 남보다 일찍 승진한 우월감에 젖은 오만함으로 순수의 마음이 더럽혀져 있지 않은가를 살펴본다.

　사물을 바로 볼 수 있는 순수를 잃지 않고 사물을 바르게 볼 수 있어야 인간다움을 지니고 살 수 있지 않겠는가.

'잘산다'는 말의 참다운 의미

> 여자아이가 쓴 편지 속에 무슨 내용이 들어 있으리란 것쯤은 충분히 알 수 있기 때문이었다. 여자아이와 헤어져 몇 걸음 옮겨 놓는 사이 나도 모르게 눈에서 눈물이 펑펑 쏟아지기 시작하였다.

언젠가 가까운 친척인 청년이 결혼을 해서 신부를 데리고 우리 집에 찾아왔다. 이 신혼 부부는 새로운 생활을 앞두고 가슴 가득 뜨거운 열기가 넘쳐 있었다. 나는 꿈꾸는 듯 행복한 표정으로 앉아 있는 신부에게 엉뚱하게도 '앞으로 어떻게 살아갈 것인가.' 하고 물었다. 신부는 '남편이 충실하게 직장에 나가 일해서 돈을 벌고, 저도 직장에 다니고 있어서 둘이 열심히 저축하면 잘 살 수 있지 않겠어요?' 하고 대답을 했다.

희망에 부푼 이들 신혼 부부를 보내고 책들만 가득한 내 서재에 앉아 정말 잘산다는 것이 어떤 것인가 하는 생각을 해 보았다. 정말 잘산다는 것이 돈을 많이 번다는 뜻에 있는 것일까.

얼마 전 우리 아파트 아래층에 사는, 음식점을 하는 삼십대 부부가 새로 벤츠 승용차를 샀다. 그 집에는 이미 새까만 대형 승용차가 있는데 부인 전용으로 벤츠를 한 대 더 샀다는 소문이 퍼졌다. 그러자 얼마 있지 않아 바로 위층에 사는 사람이 볼보 승용차를 샀다. 그 집도 부인 전용으로 샀다는 것이다.

아침이면 나는 출근길에 이 외제차들을 보게 된다. 걸어서 2분 정도 걸리는 길 건너편 초등학교에 다니는 아이들을 태우기 위해 아이 엄마가 벤츠 승용차 옆에 서 있거나, 책가방을 맨 아이들이 볼보 승용차 옆에서 엄마가 나오기를 기다리곤 한다. 가끔 학교에 가지 않는 날 창으로 저 아래 주차장을 보면 벤츠와 볼보 승용차가 따뜻한 봄 햇살을 받고 서 있는 것을 볼 수 있다.

돈을 많이 벌어 외제차도 사고 아파트 평수도 넓히는 물질적 부의 축적도 삶의 중요한 일의 하나이다. 그러나 이 경제적 성장의 목적은 오히려 삶의 의미를 좀더 높이는 가치 창출로, 혹은 인간다운 생활의 확대와 맞물려 있지 않다면 아무 의미가 없어지고, 자신은 돈의 노예가 될 뿐 돈을 지배하는 주인의 역할은 할 수 없게 되는 것이다.

몇년 전 내가 살던 동네에 한 가난한 가정이 있었다. 마흔 살이 넘은 부부가 뒤늦게 아이를 보아 초등학교 6학년에 다니는 딸 하나를 데리고 셋집에 살고 있었다. 이 부부는 낡은 트럭 뒤에 생선을 싣고 골목을 누비고 다니며 장사를 하고 있었다. 밤이면 그 집 골목에 탑재함에 포장을 친 트럭이 언제나 길을 막고 있었다. 늦은 밤 퇴근길에 골목 앞을 지날 때 트럭이 길을 막고 있으면 그들 부부가 집에 들어 왔구나 하는 것을 알 수 있었고, 트럭이 보이지 않으면 아직 들어오지 않은 것을 알 수 있었다.

그런데 매일 이 골목 앞을 지나다가 우연히 엉뚱한 일을 보게 되었다. 트럭이 보이지 않는 밤이면 골목길 입구 가로등 아래 초등학교에 다니는 딸이 한 손에 무엇을 들고 나와서 부모가 오기를 기다리는 모습이었다. 학교에 갔다가 와도 반겨 줄 어머니도 없이 텅 빈 방문을 열고 들어가 혼자 텔레비전이나 보다가 부모가 올 시간쯤에 길에 나와서 기다리는 것이겠지 하는 마음으로 얼마 동안은 그냥 보고 지나쳤다.

어느 비오는 날이었다. 그날도 밤이 깊어 골목 앞을 지나는데 낡은 우산을 쓰고 한 손에 봉투를 든 그 여자아이가 서 있었다. 나는 갑자기 말을 시켜 보고 싶은 생각이 나서, '아직 부모가 오시지 않았구나.' 하고 여자아이 곁으로 갔다. 여자아이는 나를 보더니 머리를 숙이고 꾸뻑 인사를 하면서, '오늘은 좀 늦으시는가 봐요.' 하고 대답을 하였다.

여자아이가 나를 알아보는 것이 다행이라는 생각이 들어 다시 말을 걸었다. '내가 지나다니다 보니까 어머니를 기다리느라고 여기 서 있던데 집에 있으면 답답하지?' 하고 부드럽게 말했다. 그러자 이 여자아이는 눈을 똑바로 뜨고, '그런 것은 아니에요. 하루 종일 고생하고 오시는 엄마 아빠를 마중하러 나온 것이에요.' 하는 것이었다.

다시 나는, '손에 매번 무엇을 봉투에 넣은 것을 들고 있던데 뭐니?' 하고 물었다. 그러자 여자아이는 부끄러운 듯이 봉투를 든 손을 등뒤로 감추며, '제가 봉투를 들고 서 있는 것도 보셨어요?' 하면서 더 이상 아무 말도 하지 않았다. 마침 그때 멀리서 트럭의 불빛이 다가오고 여자아이는 '엄마!' 하고 소리를 지르며 달려가서 더는 말을 하지 못하였다.

그 뒤 한 달쯤이나 지났을까, 바쁜 일도 많고 해서 그 여자아이를 잊고 지내다가 밤이 깊어 골목 앞을 지나가는데 여자아이가 큰소리로 '안녕하세요!' 하고 인사를 하는 것이었다. 마침 버스에서 내리다가 저녁을 잊고 먹지 않은 것을 생각하고 빵집에 들러 몇 가지 빵을 사서 들고 있었다. 나는 얼른 빵 봉지를 내밀고 '오늘도 기다리는구나.' 하였다.

그리고 다시 봉투 이야기를 꺼냈다. 그러자 빵 봉지를 받은 탓인지 순순하게 말문을 열었다. '엄마 아빠가 좋아하시는 과일하고요, 내가 학교에 갔다가 와서 쓴 편지 한 장이 들어 있어요.' 하는 것이었다. 나는 짓궂게, '집에 들어오신 다음에 드려도 될 텐데.' 하면서 여자아이의 눈을 보았다. 그러자 여자아이는 아무렇지도 않게 '조금 빨리 드리고 싶어서요.' 하는 것이었다.

더 이상 아무 말도 하지 않았다. 여자아이가 쓴 편지 속에 무슨 내용이 들어 있으리란 것쯤은 충분히 알 수 있기 때문이었다. 여자아이와 헤어져 몇 걸음 옮겨 놓는 사이 나도 모르게 눈에서 눈물이 펑펑 쏟아지기 시작하였다. 몇 걸음 되지 않는 골목 앞에 나와서 조금이라도 빨리 엄마 아빠가 좋아하는 과일을 주고 싶어하는 마음이 편지의 내용에 고스란히 담겨 있을 것이고, 거리를 밤 깊은 줄 모르고 팔리지 않는 생선을 싣고 다니는 부모는 이 어린 딸의 마음을 알기에 목청 쉬는 것쯤은 아무 일도 아니라고 생각할 것이다.

내가 고등학교 3학년 때 학원에 갔다가 밤이 깊어 버스에서 내리면 항상 어머니가 기다리고 계셨다. 나는 추운 겨울 버스 정류장 옆 가로수 밑에 서 있는 어머니를 볼 때면 알 수 없는 눈물이 눈에 고이곤 했다. 어머니에게 강력하게 나오지 마시라고 졸랐다. 그러자 어머니는

'그래, 불편하면 나가지 않을게.' 하고 대답을 하셨다.

　얼마간 밤이 깊어 버스에서 내려 두리번거려도 어머니가 보이지 않았다. 2주쯤 지난 어느 날 버스에서 내리는데 길모퉁이 가게 뒤에서 누가 나를 보고 있는 듯한 느낌이 들어 자세히 살펴보았다. 어머니가 가게 뒤에 숨어 내가 오기를 기다리고 계셨다. 나는 집에 들어가자 어머니께 큰소리로 기다리지 않기로 한 약속을 왜 깨뜨리셨냐고 소리를 질렀다. 또 어머니가 그러시면 부담이 된다는 말씀까지 드렸다. 그러자 어머니는 눈물을 글썽이며, '이놈아, 걱정이 돼서 앉아 있을 수가 있어야지.' 하셨다. 나는 그만 입을 다물고 말았다. 어머니가 진정으로 나를 사랑하기 때문에 걱정하고 계셨던 것이다.

　이제 내가 다 커서 벌써 내 아들이 학교에서 돌아오는 것을 기다리는 나이도 넘었다. 그러나 버스에서 내리면 어머니가 기다리지나 않으실까 하는 마음으로 가로수 밑이나 가게 뒤편을 살펴보는 버릇은 버리지 못하고 있는 것이다.

　그날 나는 지난날의 어머니 생각이 나서 여자아이와 헤어져 눈물을 찔끔거리며 집으로 갔던 것이다. 여자아이의 가정은 아무리 가난해도 행복만은 가득할 것이다.

　딸이 오늘 아침 학교에 가려고 나서는 나를 보며, '아버지, 아직도 우리나라 실정에 비싼 외제차를 타는 것은 사치지요?' 하고 빈정거렸다. 나는 속으로 딸도 그런 걸 부러워하는구나 하는 느낌이 들어 웃으며, '내가 돈을 잘 못 버니까 살 수가 없어서 그렇지. 나도 돈을 많이 벌어서 사야지.' 하고 딸의 눈을 보았다. 딸은 아버지의 실없는 농담을 다 안다는 듯이, '살 것과 안 살 것을 구별할 줄 아는 것이 잘산다는 것이 어떤 것인지를 아는 사람이라고 할머니께서 말씀하셨어요.' 하는 것이었다.

잘산다는 것은 돈으로 물건이나 사서 남에게 자랑이나 하고 산다는 것을 말하는 것은 아니다.

이 세상에서 아주 불쌍한 사람을 골라내라고 하면, 돈이 없어서 유행이 지난 옷을 입은 여성이 아니라 비싼 옷을 사 입었는데도 멋이 전혀 나지 않고 촌스럽게만 보이는 여성이라고 할 수 있을 것이다.

이는 곧 생활도 마찬가지이다. 돈을 벌기 위해서 힘들게 일하는 것은 돈으로 만들어 나가야 하는 가치 있는 삶의 세계를 세워 보고자 하는 욕망에서 우러나온 것이어야 한다.

어린 딸이 아버지가 고생한다고 조금이라도 더 빨리 아버지에게 주려고 과일 하나를 봉투에 넣고 길거리에서 기다리는 딸이 있는 집, 어머니가 자식을 걱정해서 문 앞에 나와 기다리는 집, 이런 집을 만들기 위해 돈이 필요한 것이다.

이 여자아이는 눈을 똑바로 뜨고,
'그런 것은 아니에요. 하루 종일 고생하고 오시는 엄마 아빠를 마중하러 나온 것이에요.' 하는 것이었다.

'잘산다'는 말의 참다운 의미

매미조차 울지 못하게 하나

매미 소리를 소음 측정기로 따져 본다는 것은 얼마나 삭막한 일인가.
포플러나무 아래서 매미 울음소리를 들으며 여름의 한낮을
마음에 느껴 본다는 것이 그렇게 낭비적이거나 비생산적이라는 것인가.

언젠가 전 텔레비전에서 서울 한복판에서 매미가 유난히 울어댄다고 알려 주었다. 공해로 매미의 번식을 막아 주는 다른 천적들이 없어져서 매미가 많아져 시끄럽다는 내용이었다. 더욱이 이 매미의 시끄러움을 음향 측정기로 재서 그 소음이 얼마나 극심한지 알려 주었다.

또 다른 공해로 매미의 울음소리가 등장한 것이다.

나는 이 보도를 보면서 매미 소리를 공해로 보는 시각에 새삼 놀랐다. 왜냐 하면 폭포 옆에서 물 떨어지는 소리가 너무 커서 큰소리로 이야기를 서로 주고받아도 물 떨어지는 소리를 공해라고 하지는 않는 것이다. 그런데 어쩌다가 삭막한 도시의 나무에 붙어서 울어대는 매미 소리가 소음으로 변했고 이를 공해로 보게 되었는가 하는 생각 때문이었

다.

　나는 매미 소리를 소음으로 느끼는 것은, 하루의 생활이 힘이 들고 각박해서 조금의 여유조차 없이 지내다가 보니 주위에서 시끄럽게 하는 것은 모두 싫어지고, 일상을 깨는 것들은 귀찮게 느끼는 것은 아닌가 하는 생각이 들었다.

　매미 소리를 소음 측정기로 따져 본다는 것은 얼마나 삭막한 일인가. 포플러나무 아래서 매미 울음소리를 들으며 여름의 한낮을 마음에 느껴 본다는 것이 그렇게 낭비적이거나 비생산적이라는 것인가. 살기가 힘들기에 도시 한 구석에 아무렇게나 핀 민들레꽃 한 송이에게까지도, 이렇게 각박하게 살아가야 하는가를 물을 수 있는 마음의 여유야말로 올바른 생활을 해 나갈 수 있는 활력이 되지 않는가. 시끄러운 매미 소리가 아니라 자유롭게 울어대는 매미의 천진함을 뜨거운 햇빛 아래서 느껴 보는 즐거움을 가질 수는 없는 것인가. 소음 측정기로 매미 소리를 따져 보는 그 눈으로.

주위에서 시끄럽게 하는 것은
모두 싫어지고, 일상을 깨는 것들은
귀찮게 느끼는 것은 아닌가 하는 생각이 들었다.

무엇이 우리를 황폐하게 만드는가

> 바로 밑의 여동생은 꼭 시골에 살고 계셨던 할머니를 위해 기도를 했고,
> 셋째는 공부 잘하게 해 달라는 말을 뺀 적이 없고,
> 넷째는 항상 '푸짐한 음식을 주셔서' 하는 말을 했다.

어머니를 목 졸라 죽이고 강간당한 것처럼 만들어 놓고 경찰에 신고했다가 잡힌 청소년의 기사를 보면서, 인간을 무엇이 이렇게 황폐하게 하는가 하는 생각을 떨쳐 버릴 수 없었다.

이제는 이런 기사가 신문에 나도, 왜 그런지에 대한 진단을 제대로 해야 한다고 소리치는 시민들의 목소리조차 들을 수 없게 된 것이 아닌가 여겨진다.

그러나 인간은 어떠한 더럽고 추악한 사건이 일어난다고 해도 세상을 떠날 수는 없는 것이다. 이 세상에서 가족과 함께 생명을 이어가며, 가장 인간다운 삶이 어떤 것인가에 대한 기대와 희망을 가지고 한 걸음씩 더 나은 삶을 찾아가야 하는 것이다. 그러기 위해서 먼저 해야 할 일

의 하나는 가족끼리, 아니면 동네 사람들끼리 어떤 삶을 살아가는 것이 좋은 것인가에 대한 공동체적 삶의 정신적 체계를 마련하는 일이 중요한 과제가 될 것이다.

그 한 예로 6·25 때 내가 겪었던 일을 생각해 볼 수 있다.

내가 초등학교 6학년 때 6·25가 났다. 그 당시 내가 다니던 교회는 용산 원효로 전차 종점 근처에 있었다. 건물도 제대로 교회 모양을 갖춘 곳이 아니라 일본식 가옥을 사서 미닫이 방문을 뜯어내고 예배를 보던 곳이다.

인민군이 서울을 점령하자 교회는 갑자기 예배를 중단하게 되었고, 근처에 살고 있는 사람들이 들어와 방공호로 이용하게 되었다. 그 교회에는 튼튼한 지하실이 있었기 때문이다.

미군 비행기가 날아와 용산역이나 한강 다리를 향해 폭탄을 떨어뜨리고 가면 온 동네가 한참 동안 새까맣게 잿더미로 덮여 앞을 분간할 수도 없었다. 그 탓에 비행기 소리만 나기 시작하면 동네 사람들은 교회로 뛰어들어 왔다.

어느날 오전 열 시쯤이었다. 다른 날과는 달리 비행기 소리가 더욱 요란했다. 어머니는 막내를 업고 다섯 살이던 여동생의 손을 잡고 교회 지하실로 달려갔다. 하지만 교회 지하실은 이미 많은 사람들로 꽉 차서 더 들어갈 자리가 없었다.

할 수 없이 우리 가족은 마루에 이불을 덮고 엎드려 있어야 했다. 한 시간 가까이 지나서야 폭격이 그쳤다. 마루에 엎드려 있던 이들이 얼굴을 내밀었다. 대부분 우리 교회의 교인들이었다. 뒤이어 지하실에 숨어 있던 사람들이 마루로 올라왔다. 그들은 대부분 교회에 다니지 않았던 사람들이었다. 교인 중에 성격이 괄괄한 이가, '교회도 다니지 않는 사람들이 교회 방공호는 열심히 찾아오네.' 하고 소리를 질렀다.

교인이 아닌 사람들은 못 들은 체하고 지하실을 빠져나갔다. 그후로도 폭격은 계속되었고 교인이 아닌 동네 사람들은 여전히 교인들보다 먼저 지하실로 숨곤 했다.

그러나 교인 누구도 우리 교회니까 믿지 않는 사람은 나가라고 하지 않았다. 국군이 서울을 수복하여 다시 안정된 교회가 되었을 때, 일요일 예배를 위해 주택가 한복판에 있는 우리 교회에서 종을 쳐도 동네 사람 누구도 항의하는 이가 없었다.

뿐만 아니라 지하실에서 익은 얼굴이라서 믿지 않는 이에게, '교회에 나갑시다.' 해도 어색하거나 강권하는 것으로 비치기보다는 친절한 권유가 되었다.

집안도 마찬가지이다. 우리 집에서는 어렸을 때부터 식사시간에 돌려 가며 아이들에게 기도를 하게 했다. 형제들은 각각 특색이 있었다. 내가 대학에 다닐 때 막내는 초등학교 1학년이었다. 다섯 형제가 식사시간마다 각기 기도할 때면 우리들은 가끔 킥킥거리며 웃곤 했다. 바로 밑의 여동생은 꼭 시골에 살고 계셨던 할머니를 위해 기도를 했고, 셋째는 공부 잘하게 해 달라는 말을 뺀 적이 없고, 넷째는 항상 '푸짐한 음식을 주셔서' 하는 말을 했다.

어느 여름 칼국수를 먹기 위해 둘러앉았는데도 넷째가, '푸짐한 음식을 주셔서' 하고 기도를 해서 둘째가, '무엇이 푸짐하냐.'고 편잔을 줘서 모두 웃은 적이 있다. 그런데 이 5형제의 기도 속에서 빠지지 않은 말은, '오늘도 성경 말씀대로'라는 구절이었다. 아무 뜻도 몰랐던 막내나 대학생이었던 나까지 성경 말씀대로 살아야 한다는 것을 기도했다.

지금 내가 이 기도를 통해 무엇을 배웠을까를 생각해 보면 쉽게 찾을 수 있다. 우리 가족 누구도 성경 말씀에 대해 한 자, 한 획도 의심을 가지지 않고 있다는 점이다.

성경 말씀을 그대로 믿기에 더러 내가 잘못을 저질렀을 때 무엇이 잘못인지를 곧 알게 되는 것이다. 잘못을 알 수 있는 기준만 있어도 사람답게 사는 길을 찾을 수 있지 않겠는가.

잘못된 소문이 생사람 죽인다

> 내가 서울로 올라오고 난 다음에도 그녀에 대한 소문은 사라지지 않고
> 알을 까서 그녀와 고등학생의 관계가 복잡하다고 퍼져서 아버지 귀에까지
> 들어갔고, 그녀의 아버지는 행실이 나쁘다고 그녀를 윽박질렀다.

소문이라는 것은 참 무섭다. 어떤 여배우가 재벌의 애인이 되어 큰돈을 벌어 무엇을 한다더라 하고 소문이 나면 그 여배우가 연예 담당기자 앞에서 눈물을 흘리며 결백을 하소연하는 사건들은 이미 눈에 익은 일이라서 신기할 것조차 없는 것이다. 하지만 어쩌다가 소문의 중심에 끼어 들게 되면 당하는 이는 참으로 원통하고 견디기 힘든 고통을 받게 될 것이다.

또 이와는 달리 소문이 나고 얼마 있지 않아 사실로 밝혀지는 경우, 울먹이며 결백을 주장하던 여배우의 얼굴이 멋진 사기 연극이 되어 버려 설마 그렇기야 하겠는가 하고 믿었던 선량한 팬들에게 실망을 주고 불신만을 갖게 하는 일도 흔한 것이다.

이런 소문의 특성을 이용해서 사라져 가는 인기를 만회해 보려는 작

전으로 쓰기도 하고 아니면 라이벌 배우를 헤어날 수 없는 나락으로 떨어뜨리는 수단으로 이용하기도 하는 것이다.

그런데 이런 소문은 오늘날에 새로 만들어진 것이 아니라 옛날부터 이런 '소문 작전'은 있어 왔다.

내가 중학교 다닐 때 여름방학이 되어 고향에 가면 고향 친구들이 내 귀에 대고 동네에 떠돌아다니는 소문을 일러주곤 했다.

장터 끝에 살고 있는 나와 동갑의 여자아이는 윗마을 같은 또래의 남자아이와 그렇고 그런 사이라는 것 등이 주류를 이루는 것이었다. 거기다가 조금 진전된 소문이 돌면, 이들이 어느날 밤 역 뒤에 있는 개천 옆 포플러나무 밑에서 껴안고 있는 것을 누가 보았다는 것이 되고, 또 조금 진전이 되면 여자아이가 그녀의 집에서 남자아이와 함께 잠을 잤다는 것으로 발전되곤 했다.

그런 소문들은 대개 한참 지나 놓고 보면 헛소문일 때가 많았다. 이것이 헛소문이라고 밝혀지기까지는 항상 우리는 의심스러운 눈으로 소문의 주인공들을 쳐다볼 수밖에 없었다.

내가 고등학교에 들어갈 무렵 고향에 갔더니 온 동네가 이상한 소문으로 발칵 뒤집혀 있었다. 이번에는 마을에서 좀 떨어진 곳에 있는 과수원집 딸이 바람이 났다는 소문이었다. 이 과수원집 딸은 내 또래였는데 고등학교 졸업반 남자아이와 연애를 한다는 것이었다. 어떤 아이가 보니까 과수원 탱자나무 담장 밑에서 둘이서 껴안고 있었는데, 과수원집 여자아이가 남자 밑에 누워 있었다는 좀 구체적인 소문이었다. 나는 그 과수원집 여자아이의 오빠와는 절친한 사이라서 가끔 과수원에 가서 사과도 얻어먹고 놀다가 오곤 했던 탓에 그 소문은 나에게도 흥미가 있었다.

 어느 날 저녁 무렵 나는 과수원으로 갔다. 마침 그녀의 오빠가 없어 돌아서 나오다가 그녀와 대문 앞에서 마주쳤다. 그녀는 웃으며 원두막에 가서 조금 기다리면 오빠가 올 거라며 원두막으로 가자는 것이었다. 나는 할 일도 없고 해서 원두막으로 올라갔다.

 그녀는 원두막 사다리 밑의 소쿠리에 담겨 있던 아직은 맛이 다 들지 않은 사과를 들고 올라와서 내 앞에 내밀었다.

 나는 그녀를 보니까 아이들 사이에 떠도는 소문이 생각나서 슬쩍 물어 보았다. '너 고등학생하고 연애한다며?' 하고 그녀의 얼굴을 쳐다보았다. 그녀는 웃으며, '몇 번 만났는데 별로 마음에 들지가 않아.' 하는 것이었다.

 나는 깜짝 놀랐다. 그녀가 얼굴을 붉히며 '어느 미친놈이 헛소문을 퍼뜨리고 다녀.' 하고 분개할 것으로 생각하였는데 의외로 몇 번 만난 적이 있다고 하니까 내가 당황하고 말았다. 그런데 그녀는, 다시 '이제는 서로 만나지 않기로 했어.' 하는 것이었다.

 이 일이 있고 난 다음 해 여름에 고향에 갔다. 그녀의 일은 이미 까마득하게 잊어버리고 과수원으로 그녀의 오빠를 만나러 갔다. 원두막에서 그녀의 오빠와 마주 앉았을 때 그녀의 안부를 묻자 그는 당황하는 얼굴이 되더니, '동네 조무래기들이 내 여동생을 망쳐 놓았어.' 하는 것이었다. 사연은 이러했다. 내가 서울로 올라오고 난 다음에도 그녀에 대한 소문은 사라지지 않고 알을 까서 그녀와 고등학생의 관계가 복잡하다고 퍼져서 아버지 귀에까지 들어갔고, 그녀의 아버지는 행실이 나쁘다고 그녀를 윽박질렀다. 그러자 그녀는 잘못한 것도 없는데 괜히 야단맞는 것에 속이 상해서 집을 뛰쳐나가 버렸던 것이다.

지금 그녀는 어디에 살고 있는지 알 수 없지만, 그 원두막에서 내가 물었을 때 아무렇지도 않게 당당하게 대답하던 그녀를 생각하면 별 것도 아닌 일로 그녀의 앞길이 달라졌다고 할 수 있을 것이다. 엉뚱한 소문 때문에 좁은 고향 마을에서 살지 못하고 떠나야 했던 비극이 아직도 살아 있는 것이다. 남의 말을 함부로 하지 말아야겠다.

행복과 불행은 돈이 주는가

돈이 주는 불행의 가장 큰 폐해는 다름이 아니라
돈이면 무엇이든지 다 이룰 수 있다는 돈에 대한
절대적 가치를 맹신하는 것이라 할 수 있을 것이다.

음 직장에 들어가는 신입 사원들이 회사에 대해서 묻는 많은 질문 중에 빠지지 않는 것이 '월급은 얼맙니까?' 하는 질문이라고 한다.

이 질문은 지난 세대의 젊은이들이 '일만 시켜 줘도 고맙다.'는 식의 어려운 취직 환경에서 벗어나서 월급을 많이 주는 회사에 취직할 수 있는 선택의 범위가 넓어졌다는 환경적 변화를 보여주는 것이기도 하다.

그리고 자신의 값을 정직하게 물어 보는 솔직한 성격의 표현이라고도 볼 수 있다. 그런데 이들의 솔직한 질문에 대해 회사에 다니는 이유가 단순히 월급에만 한정된 것인가를 생각해 보면, 이 질문은 회사가 지니고 있는 여러 가지 요소 중 한 가지 조건에 지나지 않는 게 아닌가 하는 생각이 든다.

이는 회사가 비록 돈은 조금 적게 주더라도 회사가 지닌 발전성, 인간 존중의 제도, 기업의 사회적 이미지, 또는 회사 안의 조직이 지닌 창의적 정신 체계 등에 이르기까지, 나와 회사가 어떤 형태로 내일을 만들어 갈 것인가에 대한 여러 가지 복합적 요건들이 돈의 문제를 극복할 수 있는 힘이 되기 때문이다.

그런데도 돈이 언제나 앞서는 경우를 흔히 볼 수 있는 것은, '돈'이 삶을 영위해 나가는 데 있어서 절대적 가치를 지니고 있고, 돈으로 해서 울고 웃는 인생으로 살아가는 사람들이라는 점에서 기인한 것이다.

이와 같이 돈에 매달려 산다는 것에 대한 문제를 생각해 보면 돈의 양면성을 찾을 수 있다. 이는 돈이 가져다주는 행복과 불행의 양면성이 그것이다.

먼저 돈이 있어서 찾게 하는 행복은 세상에서 살아가며 생명을 유지할 수 있는 힘을 마련하게 할 수 있다는 자족적 만족감이다.

내가 젊었을 때 나는 결혼을 하고 첫아들을 낳게 되었지만 단칸 셋방을 벗어나지 못하고 생활이 어려웠다. 어린것의 분유 살 돈도 마련하지 못해서 허둥거렸다. 어머니가 사시는 원효로 집에 가서 저녁때까지 어물쩍거리고 있으면 어머니께서 '돈이 없나 보지.' 하셨다.

아이까지 딸린 다 큰 아들이라, '돈 좀 주세요.' 하는 말이 입 밖에 나오지 않아서 머뭇거리는 것을 어머니는 아셨다. 어머니가 주신 돈으로 어린것의 분유통을 사 가지고 셋방이 있는 골목길로 들어설 때면 눈앞이 안개가 낀 것처럼 흐려졌다. 돈이 있다는 것은 참으로 행복한 것이구나 하는 생각이 들었다.

또 지난 사월이었다. 이제 시집갈 나이가 된 딸과 함께 백화점에 갔었다. 일요일이었지만 마땅하게 갈 곳이 없었던 나는 딸이 소매를 잡는 바람에 따라 나섰다. 백화점은 세일 기간이라 사람들이 북적거리고 있었다. 그런데 딸이 여성 옷 파는 데서 좀처럼 자리를 뜨려고 하지 않았다. 눈치를 보니 입고 싶은 옷이 있지만 아버지가 사 줄지 몰라서 그러고 있는 것이었다.

나는 딸에게 큰소리로, '입고 싶은 옷이 있으면 한번 골라 봐.' 하고 말했다. 딸은 얼굴이 꽃같이 변하면서, '아버지, 괜찮아요?' 하고 내 눈을 보는 것이었다. '아무거나 싼 것을 입어도 멋이 나는 게 젊음이지.' 하는 말을 입버릇처럼 하던 아버지가 선뜻 옷을 골라 보라고 하니 놀랄 수밖에.

나는 딸이 고른 옷이 조금 비싼 것이었지만 사 주고 말았다. 딸은 너무 기뻐했다. 딸이 기뻐하는 얼굴을 보면서 돈은 행복을 가져다 줄 수 있는 마술의 끈이구나 하는 생각을 했다. 이 두 가지 일들은 나와 내 가족이 살아 있음으로 해서 얻을 수 있는 최소 단위의 인간적 성취에 대한 만족감을 보여주는 것들이다.

이와 대조적으로 돈이 가져다 주는 불행의 세계도 있다.

몇 년 전 출근하는 길이었다. 내 차는 낡은 중형차였다. 갑자기 골목길에서 달려나온 차가 내 차 옆구리를 박았다. 쿵 하는 소리가 나고서야 내 차 뒷부분을 누가 박았다는 것을 느낄 정도의 사고였다. 길가에 차를 세웠다. 사고를 낸 차도 앞부분이 못 쓰게 되어 내 차 뒤에 섰다.

차에서 내려보니 사고를 낸 차의 임자는 청소년으로 보이는 아주 어린 얼굴이었다. 그의 차는 외제였다. 그는 '에이, 재수 없어.'를 혼자 연신 내뱉으며, '보험으로 처리할께요.' 하면서 전화번호를 적어 주는

딸이 기뻐하는 얼굴을 보면서
돈은 행복을 가져다 줄 수 있는
마술의 끈이구나 하는 생각을 했다.

것이었다. 그러면서도 계속, '에이 재수 없어.' 하는 것이었다.

나는 기분이 좋지 않아, '큰길에 나오면서 지나가는 차도 보지 않고 나와요?' 하고 조금은 큰소리로 말했다. 그러자 그는, '돈을 주면 그만 아니에요. 몇 푼 짜리라고.' 하는 것이었다. 속이 상해서 운전면허증을 보자고 했다. 그가 내미는 운전면허증을 보니 겨우 대학 1학년쯤이었다. 그는 내가 교수인 줄도 모르고, '대학에 다니고 있는데 충분히 물어주면 될 것 아네요' 하고 빨리 가자고 졸랐다.

그는 '어디 다친 데 없으세요?' 하고 묻는 말조차 모르고 있었다. 부모가 많은 돈을 가져 자식에게 그냥 주니까 자식도 돈만 보며 살아서 사람이 눈에 보이지 않는 것이었다. 가난하게 살 때에는 부부끼리 오순도순 행복했는데 돈을 벌고 나서 살 만하니까 남편은 다른 여성과 놀아나고, 아내도 젊은 남자와 간통이나 하는 관계가 되었다는 일들은 이미 귀에 젖어 신기로움조차 없는 사건이지만, 돈이 주는 불행의 가장 큰 폐해는 다름이 아니라 돈이면 무엇이든지 다 이룰 수 있다는 돈에 대한 절대적 가치를 광신하는 것이라 할 수 있을 것이다.
　돈이 주는 행복이 인간의 가치를 '살아 있음'이라는 생존에 머물지 않고 인간다운 삶을 만들어 갈 수 있게 하는 힘을 낳게 하는 데 있다면, 돈이 주는 불행은 인간이 돈의 위력을 빌어 무엇이든지 할 수 있게 한다는 광신을 가지게 하는 데 있는 것이다.

베풀지 않고 바라기만 하는 이기심

한 달이 지난 후 어느 날, 밤길에서 우연히 그를 만났기에
마음에 빚을 진 것을 갚기 위해 맥주 집으로 끌고 가서 한잔을 했다.
그리고 찬찬히 이야기를 해 보니 좋은 청년이었다.

이제 딸이 대학을 졸업한다. 지난 여름 마지막 등록금을 주니까 딸은 그 돈을 받아 들더니 훌쩍거리며, '아버지, 마지막 등록금이에요. 그 동안 얼마나 힘드셨어요.' 하는 것이었다. 나는 웃으며, '애비라는 게 네 등록금이나 내는 것이 당연하지.' 하면서도 딸이 눈물을 흘리며 고마워하는 것이 마음에 남아 한동안 가슴이 멍든 것처럼 아리기만 했다.

세상을 살다가 보면 남이 나에게 베푼 은혜를 잊고 지내는 일도 많고 오히려 섭섭하게 한 것만을 기억하고 그를 원망하며 살 때가 있다.

내가 갓 결혼해서 단칸 셋방에 살 때였다. 주인집에는 고등학교를 나와 피아노 교습을 하는 주인집 딸이 있었다. 낮이면 동네 어린것들이 와서 딩동딩동 하면서 피아노를 치고 갔다. 내가 강의가 없는 날 방

에 앉아서 책을 읽고 있으려면 서툰 솜씨로 치는 피아노 소리에 골치가 아파 견딜 수가 없어서 동네 다방으로 더러 나가곤 했다.

나를 더 못 견디게 하는 것은 주인집 딸의 피아노 소리였다. 한밤이 되면 주인집 딸은 피아노 실력을 높이기 위함인지 열심히 연습을 하는데, 체계적으로 피아노를 배우지 않았는지 '엘리제를 위하여'라는 곡을 치는 데 몇 소절 나가지 않아서 자꾸 틀리곤 했다. 혼자 생각해 볼 때, '저 실력으로 아이들을 어떻게 가르치나.' 하며 걱정이 될 정도였다.

주인집 딸을 찾아오는 남자 역시 골치였다. 낮이나 밤이나 안집 마당을 서성거리는 남자는 유난히 몸집이 좋아 힘깨나 쓰고 다니는 건달같아 보였다. 어느날 골목에서 마주치자 그 남자가 아는 체를 하면서 허리를 굽혀 인사를 하기에, '무슨 운동을 하나 보지?' 하고 물었더니 보디빌딩을 한다는 것이었다. 야하게 차리고 다니는 주인집 딸의 취향에 꼭 맞는 인물이구나 하며 웃기도 했다. 나는 이들 남녀를 좋게 보지 않았던 것이다.

여름이 무르익어가던 어느날 저녁 다섯 시쯤 아직도 날이 환한데 우리 동네 골목을 꺾어들어 집을 보니, 문간방인 우리 방 창문에 점퍼를 입은 웬 청년이 매달려 들어가는 것이 아닌가. 순간 '도둑이구나.' 하는 생각이 들었다. 조금 더 다가가서 보니 쇠로 만든 창살을 뜯고 창문도 들어내고 들어갔던 것이다.

잠시 나는 막막했다. 소리를 질러 쫓아낼까, 아니면 뛰어들어가 잡을까 하는 생각에 어찌할 바를 정하지 못하고 그대로 서 있었다. 그 때 집안에서 우당탕하는 소리가 나고 곧 내 앞으로 시커먼 청년이 뛰어나와 골목 끝으로 사라졌다. 그리고 곧 주인집 딸의 남자 친구가 튀어나왔다. 그는 나를 보더니, '도둑놈이 들어와서 잡으려 했더니 튀었어요.' 했다. 숨을 헐떡이며 말하는 그를 보면서 도둑이 칼이라도 들었으면 어찌할 뻔했을까 하는 생각에, '고맙네. 도둑을 쫓아 줘서.' 하고 말하니까 남자는 '아니에요.' 하며 부끄러워하는 것이었다. 이런 일이 있었어도 나는 보디빌딩을 한다는 남자에 대해 별로 좋지 않다고 여기던 종래의 생각이 바뀌어지지 않았다

며칠이 지나 학교에서 책들을 집으로 들고 오는 길이었다. 책을 상자 두 개에 넣어 양손으로 들고 오면서 너무 무거워 쩔쩔매며 조금 가다가 쉬고 또 조금 가다가 쉬곤 했다. 골목 끝에 있는 우리집이 빤히 보였지만 무거워서 몇 번을 더 쉬었다. 그러다가 큰 돌멩이 위에 상자를 내려놓고 쉬고 있는데 그 남자가 다가와서, '제가 들어 드릴께요.' 하더니 상자 두 개를 포개어 들어올리더니 금방 방문 앞에 가져다 놓는 것이었다. 그날도 고맙다는 말만 하였다.

가을이 다 된 어느날 네 살 된 아들이 갑자기 문 앞에 있었는데 없어졌다. 나와 아내는 아들이 없어진 것을 알고 동네를 이리저리 뒤졌으나 찾을 길이 없었다. 당황하여 아이를 잘못 본 아내를 나무라기도 하면서 이마에 땀이 나도록 찾아다녔지만 아무 소용이 없었다. 파출소에 가서 신고도 하고 동네 사람들을 보고 묻기도 하였지만 밤이 깊어 갈 때까지 아들을 찾지 못하였다.

그런데 주인집 딸의 남자 친구가 밤이 깊었는데 방문을 열더니, '방금 들었는데 아들이 없어졌다지요?' 하는 것이었다. 나는 마음이 편치 않아서 시큰둥하게, '대체 애가 어디로 갔는지.' 하고 대답을 하였다.

베풀지 않고 바라기만 하는 이기심 233

남자는 내 말을 다 듣지도 않고 방문을 닫고 나갔다.
　한 시간쯤 후에 '찾았어요!' 하는 그 남자의 우렁찬 목소리가 들렸다. 방문을 밀치니 남자가 아들을 등에 업고 서 있었다. 그가 큰길로 나가 버스 정류장 두 곳을 지나가면서 살펴보니 가로수 밑에서 아이가 울고 있더라는 것이었다. 나는 진심으로 고맙다고 그의 손을 잡았다.
　한 달이 지난 후 어느날, 밤길에서 우연히 그를 만났기에 마음에 빚을 진 것을 갚기 위해 맥주집으로 끌고 가서 한잔을 했다. 그리고 찬찬히 이야기를 해 보니 좋은 청년이었다.
　몇 달을 살고 그 집을 떠나면서 돌이켜보니 나는 그들에게 아무것도 해준 것도 없이 그들을 미워하고 꼴 같지 않은 사람으로 여기며 지냈던 것이다. 그러면서도 오히려 도움을 받기는 내가 받았던 것이다. 이렇게 아무것도 보지 못하고 살아가는 나 자신을 돌아보면서, 해준 것은 아무 것도 없으면서 바라는 것만 산처럼 높게 쌓아 놓고 사는 삶이 되어서야 되겠는가 하는 생각을 했다.

아버지를 영웅으로 받드는 가족의 사랑

생맥주 한잔이라도 손에 잡고 앉아 있으면, 가족들을 모시는 꼭두각시 인형처럼 내가 하고 싶은 것은 아무 것도 해보지 못하고 살아가는 듯한 비애가 몰려올 때도 있다.

비 오는 날이었다. 북한강을 지나오다가 잠시 비가 내리는 강가에 서서 붉게 변해 버린 강물이 콸콸 소리를 내며 흘러가는 것을 한참이나 바라보았다. 이마에서는 빗물이 흘러 눈으로 스며드는 것을 손으로 훔치면서 무엇엔가 쫓기듯이 부연 안개 속으로 흘러가는 강물을 보았다. 그때 이 혼탁한 강물 위에 한 여인의 얼굴이 드리워졌다.

머리를 말끔하게 뒤로 빗어 넘겨 나이에 비해 항상 젊게 보이는 석이 엄마였다. 석이 엄마는 우리집 골목 안쪽 막다른 집에 세를 얻어 살며 세 아들을 키우던 아주머니였다. 방 두 칸을 세 얻어 한 방에는 노부모, 또 한 방에는 그들 부부가 기거하고 초등학교 일학년에 다니는 맏이와 그 밑으로 두 아이들은 마루에서 잤다. 이들은 겨울이면 마루에 연탄 난로를 피워 추위를 막으며 살고 있었다.
 석이 아버지는 힘든 막노동을 해서 여섯 식구를 돌보고 있었는데 이 가족이 우리 동네 이사온 것은 아마 4년쯤 되었을 것이다. 석이가 걸음마를 배운 뒤 겨우 걸어서 골목 입구 전주 있는 곳까지 나와 있는 모습을 본 것이 처음이었으니까.
 지난봄 해질 무렵 집에 들어갔더니 아내가 창 밖을 보면서 혼자 훌쩍거리며 울고 있었다. 나는 무슨 사건이나 난 줄 알고 다그쳤더니 다름 아닌 석이네 이야기를 하였다.
 석이 엄마가 매일 그 집에 드나들던 월부 책 파는 젊은이와 눈이 맞아 아이들을 버리고 도망을 가버렸다는 것이었다. 나는 요즘엔 너무 흔

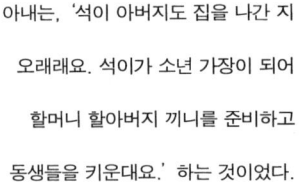

아내는, '석이 아버지도 집을 나간 지 오래래요. 석이가 소년 가장이 되어 할머니 할아버지 끼니를 준비하고 동생들을 키운대요.' 하는 것이었다.

한 이야기라서 '그런 일이 어디 한두 건이라야지.' 하면서 돌아서는데 아내가, '석이 할아버지는 걷지도 못하는데 할머니마저 중풍이 걸렸다잖아요.' 하였다.

나는 안됐구나 하는 마음뿐 그 일을 곧 잊어버리고 말았다. 그리고 그해 여름이 다가올 무렵 학교에 갔다가 돌아오는 길에 동네 가게 앞을 지나가는데 초등학교 1학년인 석이가 어린 두 동생을 데리고 앞서 가고 있었다. 한 손에는 무 한 개를 들고 또 한 손에는 라면을 담은 봉지를 들고 있었다.

집에 돌아와 아내에게 석이를 보았다고 하자 아내는, '석이 아버지도 집을 나간 지 오래래요. 석이가 소년 가장이 되어 할머니 할아버지 끼니를 준비하고 동생들을 키운대요.' 하는 것이었다. 나는 그 말을 듣고 망연해져서, '석이 아버지가 왜 집을 나갔대요?' 하고 물었다. '석이 아버지도 할머니가 주워다 키운 업둥이였대요.' 하는 것이었다.

석이 엄마가 사는 것이 얼마나 어려웠으면 자식을 버리고 도망을 갔을까, 희망 없이 눈만 뜨면 병든 시부모 살피랴, 아이들 뒷바라지하랴, 절망의 끝에서 책장수가 주는 쾌락 본능의 꼬드김이 얼마나 위로가 되었겠는가 하는 생각도 들었다. 석이 아버지 역시 자신의 부모도 아닌 병든 늙은 노인들과 아이 셋을 아내도 없이 돌보며 산다는 것이 얼마나 절망적이었으면 도망가버렸겠는가 하는, 조금은 그럴 수도 있겠지 하는 이해는 갔다.

그러나 돌아보면 누구에게나 생명을 지켜 나가야 하는 이유는 있다. 나도 어느날 너무 피곤해서 집으로 돌아오는 길에 혼자 선술집에 앉아 생맥주 한잔이라도 손에 잡고 앉아 있으면, 가족들을 모시는 꼭두각시

인형처럼 내가 하고 싶은 것은 아무 것도 해보지 못하고 살아가는 듯한 비애가 몰려올 때도 있다.

　더욱이 자식이 속이라도 썩힐 때나 애비의 고생을 당연한 듯이 느낄 때면 마음이 더욱 가라앉게 된다. 그러면서도 한잔의 입 축임으로 벌떡 일어서서 대문을 밀고 들어와 아무렇지도 않게 아이의 이름을 부르며, '오늘 별일 없지.' 하고 물으면 '무슨 일이 있겠어요.' 하고 대답하는 아내의 목소리를 듣고는 비로소 '웃는 나'로 변하는 것이다.

　이 변신의 힘은 다른 데 있는 것이 아니다. 내가 없으면 살 수 없는 사람들, 내가 있어야 행복해 하는 사람들, 그리고 서로 이 세상에서 가장 훌륭한 영웅으로 인정해 주는 사랑이 있기 때문에 힘이 나는 것이다.

　답답한 것은 이런 인간다운 삶의 아름다움을 서로 확인해 주는 절차가 없는 것이다. '엄마가 없으면 안 돼.' 한 마디만 하자. 그때 엄마는 아이의 눈을 보라. 어디 도망갈 수 있겠는가. 그도 인간이라면.

이런 약국 없을까

칸막이를 해서 손님과 대화의 벽을 만든다든지,
아니면 광고의 조잡함으로 해서 신뢰감을 잃게 한다든지,
좋은 약에 대한 정보가 시원치 않아 보인다든지 하는 점은
과감히 개선해서 친근한 건강의 파수꾼이 되어야 할 것이다.

이제 약국이 대형화하고 전문 매장화되어서 동네에 있는 조그마한 약국에서는 드링크제나 파는 곳으로 변하고 있다는 말을 많이 듣게 된다. 내가 살았던 원효로 근처나 지금 살고 있는 분당에서도 어쩌다 약국에 들르면 옛날보다 한산해 보여서 세태가 변한 것인가 하는 느낌을 가지게 한다.

동네 가게보다 큰 슈퍼마켓, 또 큰 슈퍼마켓보다 대형 할인매장을 찾게 되는 것이 유통의 혁명이라고들 하지만, 옛날이 지니고 있던 멋과 향취가 생활 속에서 빠져나가는 듯한 삭막함이 보여서 어쩐지 아쉬운 마음을 지니게 된다.

이러한 환경에서 따뜻하고 인정이 있는 멋진 소형 약국으로 살아남을 수 있는 길은 없을까 하고 약국 경영에는 전혀 문외한인 내가 이 궁

리 저 궁리하다가, 몇 가지 옛날 내 기억에 남아 있는 정겨운 약국의 인상을 그대로 살려 보는 것이 어떨까 하고 감히 대안을 제시해 보고자 한다.

그 첫째로 약국에 들어가면 왜 가슴까지 나오는 칸막이를 해서 약사와 서서 대화를 하게 해 놓았는가 하는 점이다.

마치 권위를 지키려는 방패처럼 손님과 약사 사이에 다가설 수 없는 칸막이를 해 놓을 수밖에 없는가 하는 점이다. 은행에서는 창구에 가서 서면 은행원들이 눈 아래 보이게 해서 턱이 낮은 친절한 은행임을 보여 주려 하고 있다. 특히 약국은 병을 의논하고 상담하는 곳이니까 서로 무릎이 닿는 위치에서 친근하게 서로 대화할 수 있는 자리를 만들어야 할 텐데 꽉 막혀진 칸막이를 사이에 두고 겨우 무슨 하소나 하듯이 서 있게 되어진 실내 구조가 친근감을 없게 한다고 하지 않을 수 없다.

옛날 내 고향 마을 장터에서 가까운 신작로 길에는 삼촌의 책가게가 있었고 바로 옆에 약국이 있었다. 삼촌과 약사와는 초등학교 동기에다가 같은 교회에 다니고 옆 가게라 나는 내 집 드나들 듯이 약국 드나들었다.

그런데 이상하게도 이 약국은 칸막이도 없을 뿐 아니라 마루를 깔아 촌할머니들이 신발을 벗고 마루에 앉아서 약사와 이야기하게 되어 있었다. 나는 여름 장날이면 마루에 수박을 질펀하게 쪼개 놓고 먹으며 약 사러온 사람들이 약사를 중심으로 둥글게 앉아 있는 것을 볼 수 있었다. 나도 어른들 틈에 끼어 앉아 수박 한 쪽을 먹으며 세상 돌아가는 이야기를 듣곤 했다.

새삼 도시의 약국에서 이런 마루를 깔아 정겨움을 지니게 하자는 말은 아니다. 그러나 약을 사러 온 사람과 어떤 장벽도 없게 하는 것이 동네 약국을 좀더 생활 영역에 가깝게 하는 것임에는 틀림이 없는 것이기에 이런 옛것을 활용해 볼 수 있지 않겠나 하는 생각이다.

또 하나의 예이지만 가끔 약국을 찻집처럼 꾸며 보면 어떨까 하는 생각이 든다. 테이블에 앉아서 조용한 음악이 흐르는 가운데 건강을 약사와 상담하는 방법은 번잡한 대형 약국에서는 흉내조차 낼 수 없는 인정 어린 교류의 자리를 만드는 것이 아니겠는가. 그리고 손님이 들어오는 정면에 수많은 약들이 들어 있는 진열장을 없애고 멋진 그림 한 폭을 붙여 두고 진열장은 양옆으로 옮겨 놓으면 병에 찌들려 약을 사러 오는 이의 마음을 겁나게 만들지는 않을 것이다.

둘째는 간판의 문제이다. 약이라는 글자를 네온사인으로 환하게 보여주는 것은 약국을 쉽게 찾아가게 하는 데 더할나위없이 좋은 안내판이 된다. 그런데 약국에 가보면 약을 조제해 주거나 건강을 상담하는 약사의 이름이 제대로 드러나 있지 않은 약국을 흔히 볼 수 있다. 더러 약사의 이름을 약국의 이름으로 해서 유명해진 곳도 있지만, 내 생각에는 약사의 이름만은 누구의 약국이라고 하는 점을 더욱 선명하게 내세워 주었으면 하는 마음이다.

약사의 이름이 크게 나와 있는 약국에 가면 약사 자신이 자신의 일에 보람과 긍지를 가지고 책임 있게 손님을 맞겠다는 의지를 볼 수 있는 것이다. 편하게 아무나 잠시 약국을 지키고 있다는 인상은 아닌 것이다.

셋째로 약국이 약에 대한 정보센터가 되어야 할 것이라는 점이다. 손님들이 신문이나 텔레비전에 나온 광고를 보고, '이런 약 주세요.'

하고 요구하는 경우가 흔하다는 말을 들었다. 소비자가 똑똑해졌다는 뜻도 되지만 광고에 너무 의존한다는 말도 되는 것이다. 그런데 이런 손님에게 약사가 정확한 정보를 줄 수 있는 창구가 되고 있나 하는 의구심을 가끔 하게 된다.

예를 들어 마진이 좀더 많이 나는 약을 권한다든가, 의도적으로 어느 제약의 약품을 팔려고 한다든가 하는 일이 그것이다. 실제로 조금 비싸도 약사가 권하는 약이 우수하다는 신념을 손님으로 하여금 갖게 하는 일이 동네 약국으로서는 가장 소중한 힘이 되는 것이다.

가끔 길을 가다가 보면, '일본제 무슨 치료제 입하', '무좀약 무엇 입하', '살 빼는 특효약 입하' 등 붓으로 쓴 광고 등을 보게 된다. 물론 효능이 뛰어난 약이라서, 또는 이 약국에 새롭게 들어왔기에 써 붙여 놓았겠지만 조금은 신뢰감에 의심이 가는 것도 나에게는 있다.

이러한 광고 행태보다는 약사회에서 중심이 되어서 약효에 대한 엄밀한 검증을 거쳐 약사회만의 독특한 인증서를 첨부해서 이를 권장하는 것이 좋지 않을까 한다. 예를 들어 '약사회가 정한 이 달의 우수 약품' 등으로 약국에 써 붙여 놓으면 훨씬 좋게 보일 것이다. 이는 전국 어느 약국에 가더라도 약사들이 좋은 약의 정보를 신속히 받아 보고 그 약에 대한 전문적 지식을 가지고 있다는 인식을 심어 줄 수 있기 때문이다.

이제 결론적으로 조그마한 동네 친근한 약국이 살아남기 위해서는 인간다운 따뜻함과 확실함, 정직함이 중심이 되어야 할 것이다. 칸막이를 해서 손님과 대화의 벽을 만든다든지, 아니면 광고의 조잡함으로 해서 신뢰감을 잃게 한다든지, 좋은 약에 대한 정보가 시원치 않아 보인다듬지 하는 점은 과감히 개선해서 친근한 건강의 파수꾼이 되어야 할 것이다.

　문외한의 약국에 대한 걱정은 우리 동네에 참다운 이웃이 함께 하기를 바라는 마음에서 감히 이런 아이디어를 떠올려 보았다.

서툰 감리로 지은 우리 집

이미 35년이나 지난 이 체험을 새롭게 생각하게 되는 것은
오늘날에도 아직 부실한 공사로 해서 무너지는 건물이 있고,
다리가 있고, 엉터리 건축을 해서 떼돈을 버는 이가 있다는 점이다.

내가 대학에 다닐 때만 해도 문학을 전공하고 있어서, 건축에 대해서는 잘 알지 못하고 집을 짓는다고 하면 건축 회사가 모두 하는 줄 알았다. 길을 가다가 새로 건물을 짓기 위해서 철제 담장을 쳐 놓은 곳을 지나면서 담장 한편에 빠지지 않고 붙여 놓은 현판을 볼 수 있었다. 이 현판에는 설계를 누가 하고 시공은 어느 회사가 하며 감리는 어디서 하고 건물주는 누구라는 글이 담겨 있다.

나는 그 중에서 감리라는 어휘가 낯설게 느껴졌다. 이는 건축을 하는 데 감리가 어떤 일을 하는지에 대해 잘 알지 못한 탓이었다. 그러다가 공대에 다니는 친구를 만나서야 어렴풋이 감리라는 분야가 건축이라는 분야에 있구나 하는 정도로 알고 있었다.

내가 대학을 졸업하고 춘천에 있는 대학에 교수로 간 다음 해였다. 아버지는 그 동안 살던 집을 팔고 버스 정류장과 가까운 원효로 4가에 대지 50평의 낡은 한옥을 사서 이 집을 허물고 새 집을 짓기로 하셨다.

아버지는 시골에서 올라와 처음으로 우리 집을 짓는다는 기쁨에 밤잠조차 잊은 듯 가슴 벅차 하셨다. 월요일 새벽 춘천으로 갔다가 강의를 마치고 목요일에 서울로 올라오면 아버지는 흰 도화지에 연필로 그린 평면도를 나에게 보여 주시면서 어떻게 집 구조를 해야 할지 물으시곤 했다. 다섯 형제들에게 모두 방을 주고 싶어하셨지만 건평 30평으로는 다섯 형제에게 골고루 방을 주기가 어려웠기에 연필로 그려보는 평면도에는 항상 까맣게 덧칠만 하게 되었다. 이러다가 봄날이 되어 아버지는 학교 제자라는 건축업자를 선정하고 공사를 도급 주어 공사를 시작하게 되었다.

아버지는 어쩔 수 없는 시인이어서 건축의 속사정을 알 리 없었다. 건축 허가가 나와 드디어 집짓기가 시작되었다. 아버지는 목요일에 춘천서 올라오는 나에게 설계대로 집을 짓는가 살펴보는 일과 건축 자재를 구입하여 오는 일을 맡기셨다.

건축업자는 아버지에게 매달 건축비의 얼마씩을 받아가며 공사를 하기로 했다. 낡은 집을 허물고 흙을 파내는 날은 온 가족이 공사장에 나와 앞으로 세워질 우리집을 눈앞에 그려보면서 건축에 쓰일 나무 조각까지 주워 날랐다.

나는 내가 맡은 일을 하기 위해서 건축학과를 졸업한 친구들을 찾아 다니며 그 동안 어떻게 해야 부실 공사를 막고 제대로 지을 수 있는가를 배웠다. 친구는 나에게 철근 굵기를 살펴보는 일부터 시멘트와 모래를 배합하는 비율까지 여러 가지를 일러주었다. 내 수첩에는 이들이 일러준 항목들로 가득 채워졌다.

건물의 기초를 세우는 날이었다. 내가 목요일이라서 춘천서 올라와 공사장에 가니까 기초를 콘크리트로 다져넣기로 되어 있는데 돌로 다져넣고 그 위에 시멘트 벽돌을 쌓아 올리고 있었다. 나는 의아해서 건축업자에게, '기초는 콘크리트로 해야지, 왜 시멘트 벽돌로 하느냐.'고 하자 '모르는 소리 하지 마라. 시멘트 벽돌이나 콘크리트나 마찬가지지.' 하는 것이었다.

그날밤 나는 건축학을 전공한 친구를 찾아가서 시멘트 벽돌로 기초를 해도 되느냐고 물었다. 그는 말도 안 되는 소리를 하지 말라고 하면서 콘크리트를 해야 한다고 했다. 다음 날 공사장에 가니 이미 기초 공사가 끝나 있었다. 나는 감독에게 이런 기초에 벽돌을 쌓을 수 없다고 공사를 중지하라고 했다. 그러자 감독은 '무얼 안다고.' 하면서 빈정거리긴 했어도 내가 완강하게 버티니까 벽돌쌓기를 중단하고 건축업자를 데리러 갔다.

건축업자가 와서 다시 나에게 '공사가 늦어진다.'고 하면서, '다른 집도 시멘트 벽돌로 기초를 하는데 왜 너만 야단이냐.'는 투로 나를 몰아세웠다. 나는 친구가 말한 대로 '설계대로' 하라고 굽히지 않았다. 그날 저녁 아버지가 오셨다. 결국 아버지가 시멘트 벽돌을 허물고 다시 콘크리트로 하도록 하는 조건으로 돈을 조금 더 주기로 했다.

다음은 벽돌을 쌓아올리는 일이었다. 나는 벽돌의 종류를 지정해 주기 위해서 을지로 벽돌 상회로 갔다. 이 상회에서 벽돌을 물어 보니까 가격 격차가 엄청나게 컸다. 지금은 다 잊어버렸지만 비싼 것 하나가

싼 것 두 개 값이나 차이가 있었다. 나는 벽돌 상회에 하루 종일 붙어 앉아서 좋은 벽돌과 좋지 않은 벽돌을 구분하는 법을 배웠다. 그리고 좋은 벽돌을 선택해서 집으로 왔다.

건축업자는 아버지에게 자신이 잘 아는 벽돌 공장에서 좋은 벽돌을 사오겠다고 하였다. 나는 을지로 상회에서 들고 온 좋은 벽돌을 내밀며 이런 종류로 사와야 한다고 했다. 건축업자는 알았다는 듯이 고개를 끄덕이고 돌아갔지만 그 다음날 아침에 트럭에 싣고 온 벽돌은 울퉁불퉁하고 한눈에 보아도 좋지 않은 것임을 알 수 있었다.

내가 건축업자에게 또 저질 벽돌이라고 하였지만 그는, '벽돌 구하기가 힘이 들어서.' 라는 말로 변명을 했다. 아버지에게 말씀드렸지만 마음이 약한 아버지는 이미 싣고 온 것을 어떻게 돌려보내느냐고 하면서 벽돌은 크게 문제 될 것이 없으니 참자고 하셨다.

얼마 지난 후 슬래브 콘크리트를 치는 날이 왔다. 틀을 만든 후 철근을 얼기설기 엮어 가고 있었다. 친구가 나에게 가르쳐주기를, 철근의 굵기를 살펴보고 틀 위에 놓여진 철근의 간격을 살펴보는 일과 적절하게 시멘트와 자갈 그리고 모래를 섞는가를 살펴보는 일이 중요하다고 했다. 마침 방학이 되어 나는 하루 종일 공사장에 붙어 살 수 있었다.

먼저 얼기설기 쳐 놓은 틀 속의 철근들의 굵기를 대나무 자를 가지고 다니며 재 보았다. 굵기가 가는 것이 있었다. 감독에게 따졌고 감독은 마지못해 다시 굵은 것을 가져다 놓았다. 며칠을 이렇게 하자 건축업자가 아버지에게 밑져서 도저히 집을 지을 수가 없다고 손을 털어야 되겠다고 협박하기 시작하였다. 나는 철근 넣기를 제대로 하지 않으면 집이 될 수 없다고 우기고 해서 며칠씩 공사가 중단되었다. 그러나 나는 철근에 관해서는 물러서지 않았다. 결국 이번에도 아버지가 돈을 더 주기로 하고 해결을 했다. 철근의 간격도 따져서 다시 철근을 더 넣고 묶게 하였다. 콘크리트도 마찬가지였다.

이렇게 하여 가을쯤에 집의 골격이 완성이 되었는데, 아버지의 제자라는 건축업자는 결국, 마지막 내부 공사를 해야 한다며 약속어음을 받아 도망가 버렸다. 그리고 그 약속어음을 다른 사람에게 돌려서 아버지는 돈만 내주게 되었다. 법정에까지 갔지만 약속어음은 우리가 발행한 것이라서 돈을 물어주고 건축업자에게 다시 찾으라는 판결이 나와 억울하게 손해를 보았다.

우리 가족은 이미 우리가 살던 집을 팔아서 건축비에 충당하였기에 창문도 달지 못하고 겨우 대문만 단 집에서 한겨울을 보냈다. 비닐로 창문을 막아 놓은 방안에서 추운 겨울을 보낸 것이다.

그후 건축을 하는 친구는 우리 집에 놀러 올 때면 나를 놀리려고 '박 감리' 하고 부르기도 했는데, 우리 집을 지은 것이 내가 건축이라는 생소한 세계와 처음이고 마지막으로 만나 본 체험이고, 거기에서 내가 맡은 역할이 아주 중요한 감리의 영역임을 알게 되었다.

이미 35년이나 지난 이 체험을 새롭게 생각하게 되는 것은 오늘날에도 아직 부실한 공사로 해서 무너지는 건물이 있고, 다리가 있고, 엉터리 건축을 해서 떼돈을 버는 이가 있다는 점이다. 그러기에 비전문가인 내가 감리하는 이들에게 바라고 싶은 점은 다름이 아니라 정직성에 관한 직업적 긍지가 바탕이 되었으면 하는 것이다.

감리라는 직업은 정직이 생명이기에 그것을 잃고서는 그 자리에 있을 수 없는 것이 아니겠는가. 이 정직이라는 말의 하위 개념으로 정확한 검증, 찬찬한 해독 등의 여러 가지 요소가 있겠지만, 정직이라는 것만이 이 사회 안에서 '감리사'라는 직업을 통해서 얻을 수 있는 성취라고 할 수 있을 것이다.

제 5부

내 인생의 지표를 가르쳐준 스승

내가 볼 수 있는 자리에
수없이 놓여있던 책들
그것은 내 삶의 양식이었다.

무엇이 우리를 인간으로 살게 하는가

> 친구들은 내가 갑자기 실력이 느는 것이 어디 보이지 않는 곳에 가서
> 연습을 하고 왔기 때문인 줄 알았다. 그러나 나는
> 당구장에 가 본 적은 없었다. 당구에 관한 책 한 권을 읽었을 뿐이다.

어린 날 우리집에는 문학에 관한 책이 가득했다. 아버지가 시인이라서 작품집, 문학 관련 책에서부터 철학 책에 이르기까지 온 방안에 책이 널려 있었다.

초등학교에서 한글을 읽고 쓰게 되면서 나는 책 속에 묻혀 살았다. 아버지는 나에게 책을 읽으라고 권한 적도 없었다. 그런데도 나는 자연스럽게 책과 만날 수 있었다. 아이들과 놀다가 심심하면 집에 돌아와 동시집을 읽거나 소설집을 읽었다. 친구들도 우리집에 놀러와서는 방안에 가득 찬 책을 골라 한 구석에 쪼그리고 앉아 한참을 읽다가 가곤 했다.

중학생이 되고부터는 이런 무작위 독서의 방식이 조금 달라졌다. 중학교 1학년 때였다. 하루는 국어 선생님이 김동리의 소설에 대해 이야

기하였다. 그리고는 '읽어본 학생 있나.' 하고 물었다. 나는 얼핏 우리 집에 김동리 소설집이 있던 것을 생각해 냈지만 읽은 기억은 없었다.

조금 있다가 선생님은, '내일까지 찾아서 읽어 오너라.' 하고 숙제를 주었다. 그러자 아이들이 '와!' 하고 소리를 지르면서, '소설집을 어디서 구해요?' 하였다. 그 당시만 해도 피난 시절이라서 도서관도 없었고, 책을 구하려면 서점에 가야 하는데 서점조차 변변한 책이 많지 않았다. 그러자 선생님은 숙제를 취소하고 내일 국어 시간에 김동리의 소설에 대해 다시 이야기해 준다는 말을 남기고 나갔다.

그날 집에 돌아와 온 방안을 뒤졌다. 셋방 생활을 했던 우리집은 큰 집 사랑에 방 두 칸을 얻어 살고 있었다. 아버지는 양쪽 방에 책을 나눠 놓으셨다. 나는 방 한쪽 벽을 가득 채운 책을 한 권 한 권 살펴보고 옆 방으로 가서 김동리의 소설집을 찾아보았지만 찾을 수가 없었다.

밤이 깊어 아버지가 돌아오셨기에 학교에서 있은 일을 말씀드리자 곧 김동리의 '황토기'라는 소설집을 찾아 주셨다.

다음날 국어 시간에 선생님에게 내가 읽고 왔다고 하자, 선생님은 나를 앞으로 나오게 해서 읽은 소설의 이야기를 친구들에게 하게 하였다.

그후 나는 목적을 가지고 책을 골라 읽게 되었다. 그리고 이 책읽기는 효력을 발휘하여 아이들에게 문학 이야기를 해줄 수 있는 나를 만들어 주었다.

그후 대학에 다닐 때였다. 1학년이 되어 학교 앞 당구장으로 친구들과 어울려 들어갔다. 그러나 나는 당구를 칠 줄 몰랐다. 조금 잘 치는 친구가 가르쳐 준다고 하면서 몇 번, '이렇게 치는 거야.' 하면서 흉내만 내더니 내기를 하자는 것이었다. 친구들이 당구치는 것을 곁에서 보

밥상을 펴놓고
젓가락으로 탁구공을 쳐가며
책에 써 있는 대로 연습을 하였다.

고 앉아 있기도 심심하고 해서 내기에 끼어 들었다. 내기라야 커피 정도 사는 것이었지만 나에게는 속상하는 일이었다.

그날 혜화동에서부터 걸어서 안국동까지 왔다. 안국동 로터리에 서점이 있었다. 서점에 들어가서 훑어 보니, '당구 삼천을 치는 법'이라는 책이 있었다. 나는 그 책을 사서 집에 와서 밥상을 펴놓고 젓가락으로 탁구공을 쳐가며 책에 써 있는 대로 연습을 하였다.

열흘이 넘도록 밥상에서 젓가락으로 탁구공을 두드렸다. 한 20일쯤 되었을 때 다시 친구들과 어울려 당구장에 갔다. 친구들은 또 내기에 나를 끌어넣었다. 그런데 나도 모르게 젓가락으로 탁구공을 밥상에서 맞히던 것처럼 당구공이 제대로 잘 맞았다. 그날 나는 쉽게 친구들을 물리치고 저녁내기까지 끼어서 이길 수 있었다.

친구들은 내가 갑자기 실력이 는 것이 어디 보이지 않는 곳에 가서 연습을 하고 왔기 때문인 줄 알았다. 그러나 나는 당구장에 가 본 적은 없었다. 당구에 관한 책 한 권을 읽었을 뿐이다.

 새삼 이 어린날의 이야기를 회상하는 것은 독서가 어떤 것인가에 대한 명확한 대답을 마련하고 싶은 까닭이다.

 흔히들 독서는 해야 한다고 말은 하지만 책을 손에 들지는 않는 사람이 많다. 그 이유는 책이 주는 지식과 삶에 대한 눈뜸에 대해서 스스로 확신을 가지고 있지 않기 때문이라고 할 것이다.

 인간은 인간다움을 갖출 때 인간다운 삶을 영위할 수 있다. 이 인간다움의 세계를 얻기 위해서는 책을 보지 않고는 되지 않는다. 그런데도 책보다는 어느 한 사람이 경험한 조그마한 체험에 솔깃해 하고 있다. 그러기에 독서를 통해 인간의 생명을 인간다움으로 키워 가야 하는 것이다.

시인 아버지의 방

다음 날 아침 그에게서 전화가 왔다.
'역시 꿈이 있어야지. 사자 꿈을 꾸는 늙은이도 있는데
젊은 내가 꿈이 없어서야.' 하는 것이었다.
아마 그에게 큰 위로가 되었던 모양이었다.

살아오는 동안 어떤 책과의 만남이 어떻게 인간의 삶을 변화시키는가 하는 문제는 어찌 보면 전기 작가의 관심사가 될 수 있는 것이다. 하지만, 실제로 어떤 책과 만나서 삶의 방향이 어떻게 달라질 수 있었느냐, 혹은 삶에 대한 좀더 깊은 눈을 뜨게 되었느냐 하는 문제는 인간의 삶을 생각하면 참으로 중요한 문제라고 하지 않을 수 없다.

내 경우도 마찬가지다. 대학에서 교수로 살아가는 동안 한시라도 책을 떠나서는 살 수 없는 처지이지만, 꼭 읽어야 하는 전공 분야의 책이나 이와 관련된 서적과는 달리 내 인생의 행로에 어떤 책이 어떤 영향을 미쳤는가 하는 점을 살펴보면 쉽게 알 수 있다.

초등학교 5학년 때였다. 그 당시 '소학생'이라는 어린이 잡지가 있었다. 우리 또래들은 부잣집 아이가 잡지를 사들고 학교에 가져오면 양지바른 학교 동산에 빙 둘러앉아 한 장씩 넘겨보곤 했다. 그러던 어느 날 '소학생' 잡지의 기자가 우리 집에 왔다. 나를 표지 모델로 선정해서 사진을 찍겠다는 것이다. 나는 기자와 함께 한강 둑에 나가서 사진을 찍었다. 얼마 후 '소학생' 잡지의 표지에 내 얼굴이 나왔다. 학교에서 돌아오다가 서점에 들러 내가 표지로 나온 '소학생' 잡지를 서점 안에 서서 몇 번이고 보았다. 사고 싶었지만 돈이 없었다. 그런데 며칠 후 잡지사에서 우편으로 '소학생' 잡지를 부쳐 왔다. 나는 밤이면 불을 켜놓고 잡지의 처음부터 끝까지 읽고 또 읽었다.

무슨 페이지에 어떤 글이 있느냐 하는 것을 알 수 있을 만큼 여러 번 읽었다. 그러던 어느날 저녁 나는 우연히 한 소녀가 할머니와 함께 산골에서 살아가는 이야기 속에 봄에 산에 가서 진달래꽃을 한 아름 꺾어 오는 장면을 보았다. 그리고 그 옆에 진달래꽃이 핀 계곡의 광경이 삽화로 그려져 있었다.

나는 진달래꽃이 좋아졌다. 어린 나에게 진달래꽃은 사랑의 꽃말을 지닌 꽃으로 여겨졌다. 이런 기억을 지니고 나는 어느 봄, 할머니가 계시던 고향으로 갔다. 해질 무렵 신작로에 나가 보면 산에서 나무를 한 짐씩 해서 지게에 지고 나무꾼들이 줄을 지어 내려오곤 했다. 그리고 그들의 나뭇단 속에는 진달래꽃이 여기저기 꽂혀 있었다.

나는 이 진달래꽃을 얻기 위해 나무꾼들에게 애원을 했고, 나무꾼들은 진달래꽃을 한 묶음 손에 쥐어 주었다. 이 진달래꽃을 들고 한달음에 집으로 달려가서 삼촌에게 자랑을 하면 삼촌은 웃으시며, '봄이면 고향 산에는 진달래꽃이 피어 있지.' 하셨다.

점점 자라면서 나는 고향 산에 핀 진달래꽃이 사랑의 꽃말을 담고 있지 않다는 것도 알게 되었고, 소월의 '진달래꽃'이라는 시도 배우게 되었지만, 나무꾼들이 주던 한 묶음의 진달래꽃을 통해서 느낀 고향의 정을 잊은 적은 없다.

이 진달래꽃과 내가 인연을 맺은 것은 산에 올라가서 진달래꽃을 꺾어 본 실제 체험의 인연이 아니라, 어린 시절 본 '소학생'이라는 잡지에서 얻은 진달래꽃에 대한 상상이 바탕이 된 것이었다.

10년이 훨씬 지났지만, 어느 날 아침 대학으로 가려고 버스를 기다리는데 진달래 꽃잎을 리어카에 가득 담고 버스 정류장에서 봉지에 담아서 팔고 있는 광경을 보았다. 그 순간 나는 아득히 고향의 산천이 떠오르고 삼촌이 일러준 고향의 봄이 떠올랐다. 잠시 고향으로 가는 기차를 탔던 것이다. 이와 같이 한 권의 잡지에서 얻은 조그마한 느낌이 내 삶의 뿌리인 고향에 대한 기억의 산실이 되었던 것이다.

또 한 가지, 대학 졸업을 앞둔 때였다. 매서운 겨울 추위가 닥쳐왔다. 친구들은 방학이 되어 뿔뿔이 흩어졌다. 어쩌다가 서울에 남아 있게 된 친구들이 가끔 전화를 해서 명동의 다방에 앉아 앞날을 걱정하곤 했다.

어느날 저녁이었다. 한 친구의 전화를 받고 명동으로 달려갔다. 그는 졸업을 앞두고 있지만 취직의 길은 막막하고, 늙은 부모님의 기대에 부응할 길도 없고, 더욱이 애인마저 앞날이 없는 그에게 헤어질 것을 요구해서 나에게 하소연이라도 하려고 불렀던 것이다. 그는 이런 형편을 어떻게 타개해 나가면 좋으냐고 물었다. 나 역시 막막하기는 마찬가지였다. 우리는 생맥주 몇 잔을 마시고 다음날 저녁 다시 만나기로 하고 헤어졌다.

그날 밤 나는 책상에 앉아 있었다. 우연히 책꽂이에 꽂힌 한 권의 책이 눈에 들어왔다. 헤밍웨이의 '노인과 바다'라는 책이었다. 석사 과정 입학 시험을 위해 영어 공부를 하려고 사놓은 참고서들 속에 끼어 있었다. 다시 펼쳐 읽었다. 바다에 나가 아무 것도 건져 올리지 못하여도 다시 바다를 향해 달리는 노인의 정신이 떠올랐다.

다음날 친구를 만나 아무 말도 하지 않고 소설집을 내밀었다. '다시 읽어봐.' 그 말만 하였다. 나 역시 말로 친구에게 알맞은 충고나 도움의 뜻을 이 책에서 어떻게 정리해서 들려주어야 할지 몰랐다. 그래서 그냥 주었다. 친구는 웃으며, '중학교 시절 읽은 소설이야.' 하였다. 나도 웃으며 '그래도 다시 한번.' 했다.

다음날 아침 그에게서 전화가 왔다. '역시 꿈이 있어야지. 사자 꿈을 꾸는 늙은이도 있는데 젊은 내가 꿈이 없어서야.' 하는 것이었다. 아마 그에게 큰 위로가 되었던 모양이었다. 지금도 그는 나를 만나면 지나가는 말로, '요사이 무슨 좋은 소설 없나.' 하고 물을 때마다 그때를 생각하게 된다.

책이 인생의 여로를 어떻게 변화시키고 어떤 영향을 미치는가 하는 점은 여러 갈래로 나타날 수 있을 것이다.

그 중에서도 책과의 인연을 통해서 얻을 수 있는 것은 삶의 폭이 넓어진다는 점이 중요한 첫 번째 요인이라고 할 수 있다. 책과의 만남은 내가 볼 수 없었던 세계와 만나게 하고, 이 만남은 인생의 길을 풍요롭게 하여 선택의 확실한 방향을 잡게 해 줄 수 있는 도움을 가져다 주는 것이다.

 뿐만 아니라 책은 종이에 기록되어 있어서 틀린 점이 있으면 언제나 누구에 의해서라 지적될 수 있고, 이 지적을 통해서 더 나은 세계가 발전적으로 이루어지게 되는 것이다. 책은 항상 읽는 이에 의해서 검증되기 때문에 지나가는 말처럼 무책임하게 무엇을 말하는 것이 될 수 없다. 설령 그런 책이 있다고 해도 곧 도태당할 수밖에 없는 체질을 가지고 있기에 공개적 검토가 가능한 열린 세계를 볼 수 있다는 점이 특징이다.

 지금도 나는 어린날 아버지 덕택에 우리 집 방안이 책만으로 병풍처럼 둘러쳐져 있었던 시절을 잊지 않고 있다. 학교에 갔다가 돌아와 가방을 한 구석에 내려놓고 나면, 눈에 보이는 것이 책이라서 아무 책이나 꺼내어 읽을 수 있었던 은총을 통해 지금의 나 자신이 된 것이라는 고백을 기쁨으로 할 수 있다. 내가 볼 수 있는 자리에 수 없이 놓여 있던 책들. 그것은 내 삶의 양식이었다.

가을에는 책을 몇 권이나 읽습니까

> 책을 읽는다는 것은 문자를 통한 조망의 높이를 더 멀리, 그리고 더 높이 올리는 방식임을 알아서, 좀더 높은 지식의 층계를 밟아 올라가는 것이 인간의 참다운 삶임을 그 속에서 찾도록 해야 할 것이다.

해가 다 가고 있다.

 11월 달력을 한 장만 더 넘기면 크리스마스를 알려주는 빨간색의 25라는 숫자를 볼 수 있고, 그 뒤 31이라는 한 해의 끝이 서 있다.
 이 겨울의 초입에 서면 누구나 부지런히 일을 하며 살아온 자신의 모습을 돌아보게 된다. 그때 문득 발견하게 되는 자신의 모습에서 텅 빈들에 낡은 옷을 걸치고 서 있는 허수아비처럼 자신이 느껴지게 된다.
 그런데 문제는 이 초라함, 허무감 혹은 이룬 것이 없는 것에 대한 아쉬움 등은 어디서 오는 것일까. 열심히 살아온 세월이면서도 뒤돌아보면 아무것도 이룬 것이 없다는 허무감의 원천은 다름 아닌 삶에 대한 올바른 궤도의 정립이 없었기 때문이라고 할 수 있다. 아주 간명한 대답이지만 배를 타고 항해를 하는 것은 다음 항구를 가지고 있기 때문이다.

　불행하게도 오늘을 사는 이들은 이 다음 항구에 대한 성찰이나 전망을 가지는 방식이 순간적이고도 향락적인 자기 만족의 세계 안에서 찾는 성향이 있다. 가을이 오면 단풍으로 물든 계곡에 가서 단풍과 함께 하는 것으로, 혹은 흰눈이 오면 스키장에 가서 흰 눈 위를 미끄러져 내려오는 것으로 만족할 뿐, 자연과 나 사이에 놓인 의미의 층계를 더듬어 삶의 더 높은 세계로 가는 시각으로 의미화시키지 않는 것이다.

　이와 마찬가지로 흔히 책을 읽지 않는다는 한탄은 바로 삶의 전망에 대한 인식이 흐려졌다는 것으로 생각하는 것이 타당하다. 이는 모르는 것에 대한 지적 호기심이 우러나서 책을 붙잡게 되는 것과는 달리 남처럼 살아가고 있다는 안위감이 지금의 나를 생각해 보지 않게 하는 것이다.

　우리는 책을 읽어야 한다고 주장하지만, 지식이 주는 앎의 행복을 모르는 이에게는 책을 읽는다는 것은 부담이 될 뿐이고, 또 사물의 실용적 의미성에 매달린 이는 사물이 주는 느낌이나 이치가 번거롭다.

　그러므로 독서 문화는 참다운 앎이 행복의 열매를 낳게 하는 비옥한 토양이 될 수 있는가에 관심을 가지게 해야 한다. 그리고 나아가서 다른 이들이 살아가는 것을 하나도 제대로 모르고는 삶의 보편적 세계에 다가설 수 없다는 것을 깨닫게 해야 할 것이다.

　책을 읽는다는 것은 문자를 통한 조망의 높이를 더 멀리, 그리고 더 높이 올리는 방식임을 알아서, 좀더 높은 지식의 층계를 밟아 올라가는 것이 인간의 참다운 삶임을 그 속에서 찾도록 해야 할 것이다.

글에서 드러나는 자신의 얼굴

> 아무리 아내를 사랑해도 아무 말도 하지 않고 마음에 간직한다는 것은 너무나 서툰 생활 방식이다. 말이 없으면 생각도 없고, 생각이 없으면 내일로 가는 좋은 길을 찾을 힘도 없어진다.

살아가노라면 겪게 되는 하찮은 일들이 글로 씌어졌을 때 흔히 사람들은 이를 신변잡기라고 해서 별로 가치 있는 글로 생각하지 않는 경향이 있다. 그러나 신변잡기라고 하는 생활의 이야기는 바로 자신의 삶에 대한 성찰의 소산이라는 사실을 생각해 보면 자신의 생활 이야기를 글로 쓴다는 사실이 무의미한 것이라고 할 수는 없다.

스스로의 삶을 둘러볼 수 있어야 삶의 나은 세계를 자신이 어떻게 만들어 가야 하는지를 알 수 있는 것이다. 우리가 다른 이의 수필을 읽는다든가 소설을 읽는 것은 단순한 재미 때문이 아니라, 그 작품 속에서 나와 다른 삶의 세계를 발견하는 감동이 있기 때문이다.

나와 다른 삶의 세계에 대한 호기심은 내가 어떻게 살고 있는가를 볼 수 있는 거울을 들여다보고자 하는 욕망의 표현이라고 할 것이다.

문학의 출발은 이와 같이 삶에 대한 호기심을 어떻게 글로 표현하는가 하는 점에 있는 것이다. 따라서 자신의 삶을 둘러보고 이를 글로 쓴다는 것만으로도 행복한 삶을 만들어 가야 하는 인간으로서 첫걸음을 옮겨 놓는 것이다. .

이러한 시각에서 '고합가족'에 투고된 장혜미 씨의 '스물 다섯, 아우의 꿈'은 비록 산만한 문장 구조를 지니고 있지만 '스스로 말하고 싶어하는' 것이 있는 글을 보여주고 있다.

누나로서 못마땅했던 동생에 대해 불만스럽던 일을 중심으로 동생의 성장 과정과 자신의 인간을 보는 눈의 변화를 통해 얻은 잔잔한 삶의 감동을 솔직하게 털어놓은 점은 참으로 돋보인 것이다.

무엇을 억지로 꾸미기보다는 지금 내 마음에 남아 있는 것을 찾아내어 이를 하나의 더 나은 삶으로 가는 발판으로 삼고 있다는 진실함이 글 전체를 덮고 있는 것이다.

이이순 씨의 '무 조각 없는 제사상' 역시 어머니라는 혈연의 매듭을 붙들고 딸 노릇을 하며 산다는 것이 어떤 것인가를 보여주는 솔직한 인간적 향기가 담겨 있는 점이 독특하다. 가난하다는 생활의 어려움에 대한 고백이 아니라, 누구나 본질적으로 지닐 수밖에 없는 생활의 그늘을 어머니를 통해 그 극복의 의미를 승화시키고 있는 것이다.

또 '가장 대학'이라는 콩트는 콩트로서의 구조, 즉 기승전결의 축약된 멋을 제대로 살리지는 못하였어도 아버지라는 말 속에 담겨진 멋을 체험을 바탕으로 살려내 본 상상의 고리가 우리를 즐겁게 하는 것이다.

따라서 풍자의 문학적 기법이 서툴다는 것만으로 진실한 인간의 향기

가 사라지지는 않는 것임을 알게 한다.

　그 외에 김미경 양의 '우정'은 학생의 글이라는 특성이 있어서 상상의 넓이가 좁고 깊지 못한 점은 있으나 우정을 통해서 얻을 수 있는 따뜻함이 무엇인가를 보여주어 훈훈한 인정을 맛볼 수 있게 한 점은 훌륭하다.

　글을 쓴다는 것은 자신의 얼굴을 볼 수 있는 거울을 만든다는 것이다. 이 거울을 통해서 힘들게 살아가는 삶을 좀더 나은 세계로 변화시킬 수 있는 감동의 능력을 키워간다는 것은 얼마나 즐거운 일인가.

　아무리 아내를 사랑해도 아무 말도 하지 않고 마음에 간직한다는 것은 너무나 서툰 생활 방식이다. 말이 없으면 생각도 없고, 생각이 없으면 내일로 가는 좋은 길을 찾을 힘도 없어진다.
　'고합'에서 그룹 가족의 글을 모은 것은 삶의 질을 낫게 만들어 가려는 의지의 한 가닥이라면 자신의 생활을 진실하게 살펴 볼 수 있는 글쓰기는 자신의 향상된 삶에 대한 꿈의 그림일 것이다.

독서는 자연스럽게 시작해야

아버지 박목월 시인의 시집 '어머니'가 출간되었을 때였다.
나는 새로 출간된 그 시집을 한 권 가방에 넣고 다녔다.
버스를 타거나 다방에 앉아 있게 되면 시집을 펼쳐 들었다.

독서에 대해서 많은 이들이 쓸데없는 편견에 사로잡혀 있는 경우를 흔히 볼 수 있다. 가장 뚜렷한 편견의 하나는 꼭 읽어야 할 책만을 찾아야 한다는 집념이다. 예를 들어 요즘 신문에 광고가 나오는 소설가의 작품이 읽어보고 싶기는 한데 이 소설가의 작품이 한국문학의 중심에 들어 있는지 알 수 없는 경우가 있다.

이러한 경우 읽고자 하는 이는 한국문학사의 흐름에 관심을 가지게 되고, 자연스럽게 이 관심은 문학사의 맥락에 자리잡고 있는 소설들이 어떤 것이 있는가에 시선을 돌리게 된다. 그러면 자연스럽게 시대적 흐름을 거치면서 높은 봉우리를 차지하고 있는 많은 작품의 이름을 알게 된다. 그리고 결국은 이들을 시대별로 죽 읽어보는 것이 현명한 방법이라고 생각하게 된다.

　이런 방법은 이상적인 것임에 틀림이 없다. 그러나 이 방법은 꼭 읽어야 하는 책의 범위를 너무 확대하게 되어 지금 읽고자 하는 소설에 대한 관심을 소멸시키고 마는 것이다.

　나도 이런 경우를 대학 시절에 겪은 적이 있다.

　대학 2학년 때였다. 그 때 우리들의 관심은 실존주의에 있었다. 사르트르의 '존재와 무'라는 철학 서적이 번역이 되어 나오고, 존재, 초월, 허무와 같은 말들이 마치 오늘의 주체, 타자와 같은 말과 같았다. 그런데 한 친구는 어쩌다가 이런 실존에 관한 말만 나오면 꼭, '서양 철학사의 흐름도 모르면서 얼어죽을 실존이니 하니.' 하고 빈정거리곤 했다.

　나는 그때 하이데거의 '죽음에 이르는 병'이라는 책을 읽어 나가고 있었다. 그런데 묘하게도 잘 소화되지 않는 하이데거의 용어들이 마치 날개를 가진 새처럼 내 머릿속으로 날아다녔다. 친구의 말처럼 존재에 대한 철학적 역사성에 대해 아무 것도 모르는 탓으로 돌리고 서양 철학사를 공부해야겠구나 하는 생각이 들었다.

　나는 어느날 종로에 있는 서점에 가서 서양철학사 책을 샀다. 그런데 그리스 철학 부분을 조금 읽다가 보니까 내가 관심을 가지고 있었던 하이데거의 책과는 거리가 너무 멀고, 고대 철학으로부터 현대로 오려면 깜깜하기만 했다. 결국 나는 서양철학사에서도 손을 놓았고, 하이데거의 책도 손에서 놓고 말았다. 그러다가 한참 후에 누가 하이데거의 '죽음에 이르는 병'에 대해서 독후감을 이야기하는 것을 듣고 난 후에야 내 머릿속에서 빙빙 돌고 있었던 몇 가지 용어들이 쉽게 풀려지는 것이었다.

　만약 독후감 이야기를 듣지 않았더라면, 엉뚱하게도 서양 철학사의 어느 시대쯤에서 나의 관심은 다른 방향으로 빠져들지 않았을까 생각한다.

　이와 같이 독서는, 자칫 손에 잡고 있는 책의 세계를 알기 위해서 꼭 읽어야 하는 전제 조건에 얽매여 읽고자 하는 의욕을 상하게 하는 경우가 허다한 것이다.

　또 한 가지 편견은 의미에 대한 지나친 탐색의 문제이다. 책을 읽기 시작하는 순간부터 이 책에서 얻을 수 있는 것이 무엇인가에 대해 끊임없이 두리번거리며 찾고자 하는 마음을 가지는 경우이다. 책의 의미는 앞부분에 나오는 경우도 있지만 다 읽고 나서도 쉽게 잡히지 않는 경우가 허다하다.

　그런데도 불구하고, 책을 집어드는 순간부터 이 책에서 무엇을 찾을 것인가에만 매달리게 되면 곧 싫증이 나서 차근하게 책의 내용에 접근할 수 없게 된다. 뿐만 아니라 너무나 공리적인 목적을 가지고 독서를 하다가 보면, 자신과 다른 의견이라도 들어 있을 때면 지엽적인 문제로 책의 참다운 내용을 만나지 못하게 되는 경우가 있다.

　얼마 전 제자가 어느 작가의 소설을 읽고 와서, '그 소설 형편없던데요.' 하고 평가하는 것이었다. 평소에 나는 좋은 소설로 생각하고 있었는데 이런 말을 하니 놀라서, '어느 점이 그렇게 느껴지더냐.' 하고 물으니까, '인간의 본질에 대한 문제보다는 너무 사랑의 문제에 집착하고 있었어요.' 하였다. 그 제자는 인간에 대한 개념적 본질성을 소설에서 찾고자 하였고, 그 소설은 사랑이라는 형태에 담긴 인간의 본질적 모습을 찾고자 한 탓으로 생긴 결과였다.

그러기에 독서는 이런 편견을 버리고 책 속에 빨려 들어가서 살펴보는 능력을 가져야 하는 것이다.

아버지 박목월 시인의 시집 '어머니'가 출간되었을 때였다. 나는 새로 출간된 그 시집을 한 권 가방에 넣고 다녔다. 버스를 타거나 다방에 앉아 있게 되면 시집을 펼쳐 들었다. 그런데 묘하게도 아버지의 시라는 선입견은 어디로 가 버리고, 어머니에 대한 절실한 사랑이 가슴 밑에서 우러나와 멍하게 이슬 고인 눈으로 앉아 있곤 했다. 지금도 기억하지만 시에 담긴 어머니에 대한 애틋한 기억은, 마치 지금 내가 바라보고 살아가는 어머니에 대한 마음 깊은 곳에 있는 사랑을 그대로 옮겨 놓은 듯했다.

그리고 또 한 권의 책은 '갈매기의 꿈'이었다. 이 책을 다시 읽은 것은 재작년 병원에 입원했을 때였다. 중학생이나 읽는 '갈매기의 꿈'을, 내 옆에 누웠던 삼십대 환자가 퇴원을 하면서 그냥 두고 가서 내가 집어들고 읽기 시작하였다.

뻔한 이야기지만, 나는 긴 입원 기간 동안 그 책을 수없이 반복해서 읽었다. 그리고 멀리, 더 높이 날아 보려고 하는, 날개의 깃털이 빠지는 고통의 의미가 새롭게 내 가슴에 삶의 불을 당겨 놓는 것이었다. 이제 나는 독서는 가까이 있는 책을 잡는 것에서 출발해서 지적 호기심을 어떻게 높여 나갈 것인가를 걱정해야 할 것이다. 제발 책 한 권 손에 들어 보라.

소리로 전달하는 정감의 맛

> 내 목소리 하나에 얼마나 친절하고, 정감 있고, 정직하게 문학의 이야기를
> 듣는 이의 상상과 마음에 전달할 수 있는 것인가를 생각할 때면,
> 마치 귀뚜라미소리 하나로 가을을 말하는 기쁨
> 그것과 같은 희열이 있는 것이다.

라디오에서 '박동규의 문학 산책'의 MC를 맡은 지도 꽤 되었다. 라디오 MC를 맡고 보니 주어진 작가의 원고를 그대로 읽는 것이 진행자의 할 일이 아니라, 원고를 소화해서 이를 좀더 선명하고 정감 있고 이해하기 쉽게 전달하는 것이 더 소중하다는 것을 깨닫게 되었다.

더욱이 오락 프로가 아닌 문학 교양 프로라서 말 한 마디, 용어 하나에도 특별한 의미를 담고 말하지 않으면 안 되는 어려움이 있어서 MC 자리에 앉을 때마다 바늘방석에 앉아 있는 것 같은 긴장감을 느낀다는 것이 솔직한 고백이다.

그러면서도 이 프로를 벗어나지 않고 내처 매달려 있는 것은 몇 가지 이유가 있다. 그 첫째는 SBS 라디오에서 재미없고 청취율도 알 수

없는 글로 표현된 문학을, 라디오라는 소리 매체를 통해서 전달하려는 근본적인 의도를 문학을 전공하는 나 자신이 잘 알고 있기 때문이다. 이는 다름이 아니라 '문학의 해'를 맞아 우리 생활 문화의 질 높은 지평을 제시해 보겠다는 의욕이 이런 프로를 만들었다는 점이 그것이다. 따라서 단순히 상업적이지 않은 방송국 의도에 나는 마음속으로 공감하고 이 프로를 맡은 것을 자랑스럽게 생각하는 것이다.

둘째는 제작팀과의 연관 문제이다. 아무리 높은 뜻을 가진 프로라도, 또 내가 아무리 의욕이 있어도 방송은 혼자 하는 것이 아니라 팀이 함께 지혜를 짜서 하는 것이기에 서로 마음이 맞지 않으면 하는 보람이 반감될 수밖에 없는 것이다. 그러나 이 프로에 책임을 지고 있는 은지향 PD는 비록 방송국의 막내로 여러 동료들의 격려를 받아가며 일하는 처지지만 고집도 적당히 있고, 성격도 온순하고, 그리고 제일 중요한 요소지만 문학을 사랑하는 열정이 바탕이 되어 있어서 팀의 유기적 연관이 잘 맞게 끌고가는 점이 나이 차이가 엄청난 나에게도 좋게 보이는 것이다.

셋째는 소리로 전달하는 라디오가 지니고 있는 매력이다.

영상이 앞선 시대에 라디오가 가지고 있는 매력을 말한다는 것은, 어찌 보면 옛날에 대한 향수에 젖은 낡은 이들이 아직도 귀에 익어서 좋다는 식의 말로 들릴지도 모른다. 그렇지만 나는 텔레비전과 라디오가 지니고 있는 전달의 체계는 전혀 다르다는 생각을 가지고 있기 때문에 라디오의 매력이라는 말을 거리낌없이 쓰고 있다.

라디오는 소리라는 전달 매체를 지니고 있어서, 소리가 자아내는 의미 체계를 통해 듣는 이로 하여금 머리와 마음에 스스로 상상을 통해 그려볼 수 있다는 점은 참으로 귀중한 것이다. 즉 사고와 감정을 영상이라는 직접적 형상에 매달려 끌려가는 형식이 아니라, 말이라는 소리가 주는 암시적이며 상상적인 기호를 통해 스스로의 세계를 조립해 볼 수 있는 즐거움이 있는 것이다.

또 한 가지 빠뜨릴 수 없는 것은, '박동규의 문학 산책'에서 많은 작가와의 만남을 통해 청취자에게 작가가 지닌 삶과 문학적 전망을 소리로 전달한다는 즐거움도 있고, 좋은 작품을 소개해서 이를 듣고 지나간 날에 읽었던 좋은 작품에 대한 새로운 발견을 하게 되는 일이다.

물론 나 자신도 누구의 작품을 소개하면서 아물거리는 지난날 읽었던 작품 세계를 선명하게 떠올리게 되지만, 더 재미있는 것은 옛날 읽었을 때 느꼈던 감동과 조금은 다른 해석을 할 수 있다는 즐거움도 중요한 것이라 할 것이다.

무엇보다도 라디오는 요란스러운 치장이 없고, 내 목소리 하나에 얼마나 친절하고, 정감 있고, 정직하게 문학의 이야기를 듣는 이의 상상과 마음에 전달할 수 있는 것인가를 생각할 때면, 마치 귀뚜라미소리 하나로 가을을 말하는 기쁨 그것과 같은 희열이 있는 것이다.

정감과 상상을 통한 삶의 이해를 위하여

> 단순히 돌에 대해서 안다는 것과 돌을 인간의 생활에
> 어떻게 유용하게 이용할 수 있는지를 안다는 것과는
> 큰 차이가 있는 것이다.

청소년기에는 어떤 책을 읽어야 할까 하는 문제는 여러 가지 각도에서 생각해 볼 필요가 있다.

첫째는 비타민을 먹듯이 여러 가지 영양소를 먹어서 인체를 튼튼하게 하는 것과 같이 정신적인 영양을 목적으로 하는 책읽기가 있다.

이는 고금의 좋은 책들을 찾아서 아무 구속없이 읽어가는 것을 말한다. 이런 독서는 무한한 지적 호기심을 충족시키기에는 좋은 책읽기가 될 수 있다. 어머니들이 어린아이를 위해 옛날 민속에 관한 책이나 동화집을 사다가 읽게 하는 경우 대체로 이런 독서 형태가 될 것이다. 이와 비슷한 것으로 그때그때 세상을 떠들썩하게 하는 베스트셀러를 읽어가는 것도 이런 종류의 독서라 할 것이다.

물론 이런 책읽기는 책을 읽지 않는 것보다는 나은 것이지만, 청소

년을 잡학과 같이 이것저것 아는 것만 많은 사람으로 성장시킬 우려가 있다.

아는 것이 많다는 것만으로 지식의 참다운 습득을 하였다고 생각하는 이가 있다면 큰 잘못이라고 하겠다. 예를 들어 돌의 성분이 무엇인지를 안다는 것은 돌을 어떻게 인간의 생활에 보탬이 될 수 있는가를 살펴보기 위한 수단이 되어야 하는 것이다. 단순히 돌에 대해서 안다는 것과 돌을 인간의 생활에 어떻게 유용하게 이용할 수 있는지를 안다는 것과는 큰 차이가 있는 것이다.

그러므로 책읽기도 아무렇게나 손에 잡히는 대로 읽는다는 것은 대체로 무의미한 것이 될 수도 있는 것이다.

둘째로 관심의 초점에 맞추어 책을 읽는 방식이다. 예를 들어 논술고사를 각 대학마다 보게 되니까 논술을 담은 책을 골라서 이를 숙독하는 책읽기와 같이 어느 한 분야에 집중하여 책을 읽는 경우에는 그 분야에 밝아지는 장점이 있다.

그러나 자신의 진로와 연관된 전공 서적만 읽은 이들은 아는 범위가 좁아져서 편향된 지식을 가진 이가 될 수 있다. 마치 과학 서적에 몰두한 이가 인간의 감성적 세계를 바탕으로 하는 삶의 의미를 잃어버리게 되는 경우가 그것이다. 이는 논술문을 쓰고자 하는 이가 논술적 논리의 구조는 잘 알고 있으나, 여기에 담아야 하는 인간에 대한 폭넓은 지식이나 표현 도구인 언어에 대한 감각이 없다면 논리 구조는 아무런 쓸모가 없는 것이다.

따라서 이러한 두 가지 성향의 책읽기를 비교하면서 청소년기에 어떤 책을 읽을 것인가를 생각해 보면 먼저 자신의 생활과 연관된 좀더 나은 세계를 볼 수 있는 창으로 책읽기를 시작해야 할 것이다.

예를 들어 춘원 이광수의 '무정'을 선택한 경우, 이 소설이 한국문학사에서 꼽힐 수 있는 소설이라는 점은, 한국소설이 어떻게 전개되어 왔는가에 대한 과정을 살펴보는 데 필수적이라는 인식의 근거를 밝혀 주는 것이기 때문이다.

그러면서도 잊지 말아야 할 것은 문학사에 대한 관심과 더불어, 그 당시에 우리 사회에서 새로운 개화의 영향으로 해서 인간의 삶이 어떻게 변하게 되었는가에 대한 관심이 따라야 하는 것이다.

책읽기의 시각에서 보면 이런 문제들을 개별적으로 생각하기보다는 총체적으로 생각하여 '한국소설의 한 분기점이 된 무정', 그리고 '신여성과 구여성의 삶의 양식이 대립하던 시절의 사랑 이야기인 무정'이라는 복합적인 관심이 중심이 되어야 한다.

그러니까 청소년기의 책읽기는 시대적 특성이나 그 사회의 관심사에 근거하고 있으면서도 인간에 대한 의미가 뚜렷하게 드러난 좋은 책을 골라 읽는 것이 중요하다.

다음으로 특별히 청소년기의 책읽기에서 생각해 보아야 할 것은 정서와 상상의 세계이다.

정서는 인간의 순화된 마음의 세계를 맛보게 하여 인간에 대한 넓은 이해의 길을 갈 수 있게 하는 힘이 된다. 청소년기에 부모들이 자신의 마음을 알아주지 않아서 답답해하는 경우를 흔히 볼 수 있다. 이 답답함은 자신이 인간을 이해하는 힘이 부족한 탓이라는 생각을 가지지 않고 있는 데서 생겨나는 것이다.

'청록집'과 같은 시집을 읽으면 사물의 뒤에 감추어진 인생의 진실을 볼 수 있게 한다. 이런 책읽기를 통해 마음의 먼지를 닦아 내는 힘을 기르게 된다.

　다음으로 상상의 힘을 길러야 한다. 상상은 창조의 밭이다. 그러므로 살아갈 삶에 대한 꿈을 세워 가기 위해서 상상의 힘은 필요한 것이다. 청소년기의 독서는 이에 맞추면 좋을 것이다.

말 속에 들어 있는 생각과 마음

저녁을 드시겠느냐는 말은 밤이 깊었는데 아직도
저녁을 먹지 않았느냐는 의미가 담겨 있고, 더 발전하면
귀찮게 이 늦은 시간에 저녁을 먹겠느냐고 묻는 투로 생각할 수도 있다.

날이 갈수록 말이 거칠어지고 있다고들 한다. '세련되었다' 고 하면 될 것을, '쎄련되었다' 고 해야 제대로 말한 것으로 여기고, '거짓말하는구나' 하고 말해도 될 것을 엉뚱하게도 '공갈치는구나' 하고 말하는 이도 있다.

말은 세태가 변하는 것에 따라 바뀌는 것이 당연한 현상이다. 새로운 문물이 나오면 새 말이 등장하게 되는 것이 그 한 예가 될 것이다. 내가 어렸을 때 처음으로 나일론 양말이 시장에 나왔다. 면으로 된 양말은 오래 신지 못하고 금방 뒤꿈치가 닳아 전구를 양말 속에 넣고 바늘로 기워 신어야 했다. 이런 시절에 몇 달을 신어도 닳지 않는 나일론 양말이 나왔으니 가히 선풍적 인기를 끌었고 너도나도 그걸 사 신었다. 이 나일론 양말이 지닌 성격의 특성인 튼튼함과 매끈거림 때문에 여

러 가지 의미를 지닌 말들이 파생하게 되었다.

　한 예로 '나이롱 환자'라고 하면 아프지 않으면서 환자인 체 하는 이를 가리킨다. 이는 빤질거리는 나일론의 성질을 따다가 일본어 발음대로 만든 것이었다. 이 '나이롱'이라는 접두어는 어디에나 붙었다. '나이롱 학생'은 공부도 하지 않고 빈둥거리는 태만한 학생을 지칭하기도 했고, 심지어 '나이롱 뻥'이라고 해서 화투 노름에까지 이 '나이롱'을 붙이기도 했다.

　이와 같이 새 문명의 출현과 새 언어의 탄생은 밀접한 연관이 있는 것이다. 그러기에 언어를 안다는 것은 단순히 지식을 얻는다는 데 그치는 것이 아니라 그 시대의 사회가 지고 있는 풍속과 문화 현상을 이해하는 데 결정적 열쇠가 된다고 할 수 있는 것이다.

　해외에 나가 보면 언어와 문화와의 관계가 얼마나 밀접한 것인가를 잘 알 수 있다. 10년 전에 이민간 교포는 그가 한국을 떠날 시절에 썼던 언어 범위에 머물러 있는 경우를 흔히 볼 수 있고, 20년 전에 한국을 떠난 이는 20년 전 언어 범위를 벗어나지 못하는 경우를 볼 수 있다. 이는 언어의 새로운 변화를 감지할 수 있는 길을 잃었기 때문이라고 할 수 있다.

　흔히 언어라는 것을 일상의 생활에서 아무렇지도 않게 사용하고 또 의사 전달에 불편함이 없이 지내기 때문에 언어와 문화 혹은 언어와 사회와의 밀접한 상관성을 잊고 살고 있어서 언어가 인간과 인간간에 뜻을 전달하고 감정을 통하게 하는 기능이나 시대적 상황이나 문화적 향기를 교감하거나 이해하는 데 어떤 기능을 지니고 있는지를 돌보지 않고 사용하는 것이다.

하지만 실제로 언어가 사람과 사람 사이에 의사 소통의 다리를 어떻게 연결하고, 그 다리를 통해 서로의 입장을 어떻게 전달하고 있으며, 또 자신이 사용하는 언어로 해서 문화의 이해가 담겨진 교양과 인격, 더 나아가 상대를 이해시키고 감동시킬 수 있는가 하는 문제에 이르기까지, 참으로 인격체의 표출 방식으로서 아주 중요한 의미를 지니고 있는 것이다.

먼저 사람과 사람 사이를 연결하는 언어의 사용을 보면 가장 간단한 예이지만, 서로를 잘 알고 있다고 하는 남편과 아내 사이에 주고받는 대화에도 언어의 선택에 따라 전혀 다른 현상이 나타난다. 하루 종일 일을 하고 늦게 들어오는 남편에게 아내가, '저녁 드시겠어요?' 하고 묻는 것과 '얼마나 시장하세요?' 하고 말하는 경우를 살펴보면 잘 알 수 있다.

저녁을 드시겠느냐는 말은 밤이 깊었는데 아직도 저녁을 먹지 않았느냐는 의미가 담겨 있고, 더 발전하면 귀찮게 이 늦은 시간에 저녁을 먹겠느냐고 묻는 투로 생각할 수도 있다. 시장하냐고 묻는 말은 남편을 먼저 생각하는 염려의 감정이 담겨 있고 나아가 얼마나 고생했느냐는 사랑의 마음이 담겨 있다. 이 두 말의 비교는 언어의 선택이 똑 같이 '저녁을 준비해 드리겠다'는 의사 전달의 뜻이지만, 그 파장이 어떻게 다를 것인가를 잘 드러내 보여 주는 것이다.

그뿐만 아니라 상대에게 자신의 뜻과 감정을 전달하기 위해서 이 언어의 선택과 사용 방식은 더 큰 파장을 일으키게 되는 것이다.

한 예로 상사와의 관계가 불편한 한 사원이 자신은 아무 잘못도 없는데 상사가 자신을 미워한다고 호소하는 것을 들은 적이 있다. 나는 젊은 사원의 호소를 듣다가 그 불화의 원인을 한 순간에 알 수 있었다.

그는 자신도 모르는 사이에 말끝에 꼭, '아시겠어요?' 하고 묻는 버릇이 있었다. 말을 해 놓고 꼭 '아시겠느냐'고 확인하는 말 속에는 믿지 못하는 듯한 인상이 풍기는 것이었다. 그의 상사는 그의 말버릇에 아무 의미도 없이 끼어 있는, '아시겠어요?' 하는 말에 자신을 무시한다는 기분이 들었으리라는 것쯤은 쉽게 알 수 있다.

또 한 가지 자신을 높이 세우려고 어울리지도 않는 외국어나 어려운 말을 골라서 쓰는 경우도 있다. 우리말로도 충분하게 표현할 수 있는데 굳이 영어 단어를 끌어다 써서 자신의 유식함을 보여주려고 한다면 누가 호감을 가지고 그의 말에 경청을 하겠는가. 또 어려운 말만 골라 써서 스스로 유식해 보인다는 착각에 빠질 수는 있어도 전달하고자 하는 뜻이 막혀 버리는 잘못을 저지르게 되는 것이다.

언어는 이 세상을 살아가는 가장 기초적인 삶의 전략적 도구이다. 그러기에 언어가 어떤 속성을 지니고 있는지를 정확하게 이해하고 그 사용 목적에 알맞도록 신중하게 선택하는 일이 가장 큰 사회 생활의 과제이다. 그리고 언어의 선택이 자신의 인격과 품성에 밀접하게 관련이 있다는 점을 생각해서, 새 말을 알아 이를 갈고 닦아서 시대와 사회에 살아 있는 언어를 잡아 올려야 사상과 감정을 전달하는 방법을 다양하게 만들어 갈 수 있는 것이다.

즉, 아무리 사랑한다고 해도 사랑이라는 말을 없애 버리면 사랑은 마음에서 일어나는 감정적 변화라는 미분화의 상태일 뿐 사랑이 될 수 없는 것이다. 항상 언어를 갈고 닦는 일은 세수하는 것만큼이나 일상적이어야 한다.

아름다운 추억의 산실

> 빠져나가지 못하여 쩔쩔매는 출근길의 전철 안처럼
> 도시라는 삶의 형태에 끼워진 자신을
> 발견할 수 있었던 것이다

한 인간의 생애에 영향을 준 한 권의 책만을 골라내라고 하면 아마 매우 황당할 것이다. 어느 누구의 영향을 받았다는 것은 한 권의 책에서 시발을 할 수는 있지만 영향의 중심은 항상 다른 것과의 대비나 비판이라는 길목을 거쳐서 완성되는 것이기 때문이다.

만약 내가 사르트르의 '존재와 무'라는 책 한 권을 읽고 심취해서 인간관이 실존주의적인 시각으로 고정되었다면 얼마나 무지성적으로 맹종하는 사람이 되었겠는가. 오히려 이 책에서 얻은 튼튼한 자양을 통해 실용주의적 인간관과 비교하여 보기도 하고, 허무주의적인 삶의 인식에 대한 더욱 면밀한 천착을 통해 실존의 실체에 대해 좀더 정확한 의미를 찾아낼 수 있었고, 이를 거쳐 '실존과 무'라는 책이 준 영향이 심화되었다고 하는 것이 합리적이라고 할 수 있을 것이다.

내가 이렇게 장황스런 사설을 달고 내 젊은 날의 생활에서 얻었던 삶의 시각에서 영향을 미친 책을 골라 낸 것이 김승옥의 '서울, 1964년 겨울' 이라는 작품집이다.

이 작품집이 출간된 것은 1977년이니까 지금으로부터 20년 전이다. 비록 작품집의 출간은, 64년의 봄을 생각하면 13년이나 늦게 빛을 보게 된 것이지만 이 작품집을 손에 들고 펼쳐 보았을 때 나는 한창 30대의 끝에 서 있었다.

그리고 대학 생활에는 적당하게 익숙해져 있었지만 이 익숙함이 오히려 내게 짐이 되어서, 아들 하나에 딸 하나를 두고 열일곱 평의 대지에 블록으로 쌓아올린 엉성한 이층 짜리 가건물에 책을 펴 들고 앉아 있는 것이 짜증스럽게 느껴지는 그런 시기였다. 더욱이 큰길가에 있는 집이라 자동차가 지나갈 때마다 온 방안이 시끄럽고, 삐걱거리는 계단을 오르거나 길가 가로등에서 흘러나온 불빛이 벌어진 벽 틈으로 들어오는 것을 보노라면 무섭기조차 하였다.

이 때 나는 '서울, 1964년 겨울' 이 떠올랐다. 이 짧은 소설에는 내가 거쳐 온 스물다섯 살의 나이가 그대로 담겨 있었다.

이는 다름이 아니라, 작품 속에 등장하는 대학원생인 '안' 이라는, 아내를 급성 뇌막염으로 잃고 자살하는 삼십대 남자와 고등학교를 나와 아무 희망도 없이 살아가는 '나' 라는 인물이 하룻밤 여관에서 함께 잠들기까지 도시의 추운 밤길을 걸어 다니며 일으키는 사건들이, 마치 나 자신이 서울의 밤길을 스물 다섯 살의 나이로 다시 걷는 듯한 착각을 불러일으키는 것이었다.

결국 이 작품에서 얻은 것은, 아무 곳이나 갈 곳도 가야 할 곳도 없었던 젊은 날의 답답했던 암울한 현실에서, 조그마한 일에도 쓸데없는 의미를 달아보던 그 순진스런 방황이 무엇이었나 하는 물음이었다.

나는 이 작품을 몇 번이고 다시 읽는 사이, 내가 10년 전에 거쳐온 이십대라는 터널이 다시 마흔을 바라보는 내 앞에 그대로 펼쳐지려 한다는 예감을 얻을 수 있었다. 결국 나는 내릴 정거장에 다 왔는데도 빠져나가지 못하여 쩔쩔매는 출근길의 전철 안처럼 도시라는 삶의 형태에 끼워진 자신을 발견할 수 있었던 것이다.

이제 이런 일들은 옛일이 되었지만 일상적 생활에 매달려 앞길이 없다고 생각하는 젊은이들이 이 작품을 읽는다면, '옛날에도 이렇게 살았군.' 하는 공동적 방황의 실체를 삶의 한가운데서 건져 올릴 수 있으리라 생각한다.

박동규 희망에세이②
삶의 길을 묻는 당신에게

글쓴이 / 박동규
펴낸이 / 孫貞順
펴낸곳 / 모아드림

1판 1쇄 발행 / 1999년 5월 8일
1판 3쇄 발행 / 2003년 5월 9일
서울 서대문구 북아현3동 180-22
전화 / 365-8111~2
팩시밀리 / 365-8110
E-mail / morebook@koera.com
http://www.morebook.co.kr
등록번호 / 제2-2264호(1996.10.24)

ⓒ 박동규
ISBN 89-87220-41-9, 89-87220-40-0(셋트)

* 잘못된 책은 구입하신 서점에서 바꾸어 드립니다.
* 지은이와의 협의하에 인지를 붙이지 않습니다.

값 7,500원